Cornelia Mack

DAS LEBEN KANN SO GLÜCKLICH SEIN

SCM

Stiftung Christliche Medien

© der deutschen Ausgabe 2014
SCM Hänssler im SCM-Verlag GmbH & Co. KG
71088 Holzgerlingen
Internet: www.scm-haenssler.de · E-Mail: info@scm-haenssler.de

Soweit nicht anders angegeben,
sind die Bibelverse folgender Ausgabe entnommen:
Lutherbibel, revidierter Text 1984, durchgesehene Ausgabe in neuer
Rechtschreibung 2006, © 1999 Deutsche Bibelgesellschaft, Stuttgart.
Weiter wurden verwendet:
ELB: Elberfelder Bibel 2006, © 2006 by SCM R. Brockhaus im
SCM-Verlag GmbH & Co. KG, Witten.
EU: Einheitsübersetzung der Heiligen Schrift,
© 1980 Katholische Bibelanstalt, Stuttgart.

Umschlaggestaltung: Kathrin Spiegelberg, Weil im Schönbuch
Titelbild: shutterstock.com
Satz: typoscript GmbH, Walddorfhäslach
Druck und Bindung: CPI – Ebner & Spiegel, Ulm
Gedruckt in Deutschland
ISBN 978-3-7751-5512-0
Bestell-Nr. 395.512

INHALT

VORWORT

»Was willst du mal werden, wenn du groß bist?«, fragt ein Kind ein anderes. Die Antwort: »Unendlich glücklich.« Und wie geht es Ihnen damit? Wollen Sie auch glücklich sein? Darauf mit »Nein« zu antworten, wäre nicht ehrlich. Jeder Mensch will glücklich sein. Warum auch nicht? Es gehört zu den tiefsten Sehnsüchten der Menschen, glücklich zu sein. Das ist verständlich und berechtigt. Auch wenn wir letztlich keinen Anspruch auf Glück haben und auch kein Recht darauf, gehört die Hoffnung auf Glück zum Leben und zur Freude am Leben dazu. Und das ist auch gut so. Denn glückliche Menschen leben leichter, haben auch ein Interesse daran, anderen Menschen zum Glück zu verhelfen.

Doch es gibt eine Gefahr bei diesem Thema, nämlich die Vorstellung: *nur ein immer glückliches Leben sei ein wertvolles Leben.* Oder: *nur wer glücklich ist, lebe richtig.* Doch das stimmt so nicht. Denn es gibt auch Unglück, das das Leben bereichert und ihm mehr Tiefgang verleiht. Glück bedeutet nicht, dass es uns immer gut geht oder dass wir nie Leid und Schlimmes erleben. Wenn dies so wäre, wüssten wir dann überhaupt noch, was Glück ist? Erleben wir Glück nicht viel eher im Kontrast? *Ohne Tiefs keine Hochs,* lautet ein Sprichwort.

Was Glück ist, können wir wohl nur verstehen, wenn wir auch die Tiefen kennen. Denn dann wissen wir, dass die Hoch-Zeiten nicht selbstverständlich sind, sondern etwas Besonderes. Zum Glück gehören Gegensätze, Polarisierung, auch Spannung und Begrenzung. Gerade Unglück kann zu einer segensreichen Herausforderung werden.

Glück im Unglück gehört vielleicht zu den widersprüchlichsten Erfahrungen überhaupt. Äußerlich gefangen sein und innerlich glücklich. Oder von schwerem Leid betroffen und gerade darin doch getröstet zu werden. Wer mitten in einer Naturkatastrophe oder einem anderen dramatischen Erlebnis Hilfe und Schutz erlebt, kann das als tiefe Glückserfahrungen wahrnehmen. Wer schweres Leid erlebt und darin Trost von Freunden bekommt, ist davon oft so gehalten, dass er das Leid im Rückblick nicht missen möchte, weil er sonst auch diesen Trost und diese Nähe nicht erfahren hätte.

Menschen, die durch schwere Schicksalsschläge gegangen sind, können davon erzählen, wie sie gerade dadurch und darin erst wirklich begriffen haben, was wirklich glücklich macht und was nicht, worauf sie bauen können und worauf nicht.

Mich beschäftigt die Frage nach dem Glück immer wieder. Zum einen aus den Erfahrungen in meinem eigenen Leben, zum anderen in der Begegnung mit vielen unterschiedlichen Menschen, den eher glücklichen und eher unglücklichen. Damit verbunden stellt sich dann oft die Frage: Wie kann unglücklichen Menschen geholfen werden, wieder Glück zu erleben? Und: Wie können glückliche Menschen andere mit in ihren »Glücksstrom« hineinnehmen?

Das vorliegende Buch soll helfen, zu entdecken, was wirklich glücklich macht. Es soll aber auch helfen, mit schweren und scheinbar unglücklichen Zeiten umzugehen. Seelsorger, Eltern und Lehrer fragen sich immer wieder: Wodurch und wie werden Menschen stabil und belastbar? Das Glück ist oft eher die Folge der Bewältigung schwerer Zeiten als die Voraussetzung dazu. Hinter allen Fragen nach Glück steckt eine noch tiefer gehende Frage: Wie wird ein Leben sinnvoll und erfüllt? Welche Ziele im Leben machen glücklich, welche führen eher in Sackgassen? Welche Lebensgestaltung erfüllt? Wodurch wird die Seele satt?

Manche stellen sich und anderen auch die Frage: Wie möchte ich – wenn ich einmal auf mein Leben zurückschaue – gelebt haben, um sagen zu können: Es war ein glückliches, ein erfülltes Leben?

Was macht glücklich? Ich persönlich antworte nach eigener Erfahrung darauf: Mein Glück kommt von gelingenden Beziehungen, in denen ich leben kann. An erster Stelle steht da mein Mann, aber auch schöne Beziehungen zu Kindern, Enkeln und Freunden machen mich glücklich.

Ein weiterer wesentlicher Anteil zum Glück in meinem Leben kommt von meinen Aufgaben, in denen ich die Gaben und Stärken, die Gott in mein Leben gelegt hat, entfalten kann. Das größte Glück dabei ist aber nicht, damit erfolgreich zu sein oder sich selbst darzustellen, sondern Gott damit zu ehren. Mit dem eigenen Leben ein Hinweis auf Gott sein zu können, macht mich glücklich.

Das Glück in meinem Leben kommt auch aus vielen schweren Erfahrungen und deren Bewältigung. In großen Tiefen meines Lebens habe ich mehr und mehr auch den Reichtum entdeckt, der sich aus Gottesbegegnungen erschließt. Gott mittendrin: im Leid, in der Angst, in der Verzweiflung. Das macht spätestens im Rückblick dankbar, manchmal auch schon mittendrin.

Ich wünsche allen Leserinnen und Lesern, dass sie durch die Lektüre dieses Buches den Geheimnissen eines glücklichen Lebens etwas näherkommen. Vielleicht kann dieses Buch auch zur Bewältigung von eher unglücklichen Zeiten helfen und somit auch wiederum zum Glück im eigenen Leben oder in dem anderer Menschen beitragen.

Cornelia Mack

WAS IST EIGENTLICH GLÜCK?

Die Sehnsucht nach Glück spiegelt sich in der Werbung mit ihren vielfältigen Bildern und Aussagen wider – angefangen beim *Glückslos* und der *Glücksspirale* bis hin zu Slogans wie »Glück ist machbar« oder »Geld macht doch glücklich«.

Viele Märchen haben das Glück zum Thema: Hans im Glück, Frau Holle mit Goldmarie und Pechmarie, das Märchen vom Schlaraffenland, die drei Glückskinder und viele andere.

Auch unsere Umgangssprache ist voll von Redewendungen zum Thema Glück: »Noch mal Glück gehabt« – »Du Glückspilz«. Oder Sprichwörter wie: »Jeder ist seines Glückes Schmied« – »Scherben bringen Glück«.

Aber was ist eigentlich »Glück«?

Manche definieren Glück als subjektives Wohlbefinden, als Zufriedenheit mit dem Leben und sich daraus ergebenden angenehmen Gefühlszuständen.

Wie würden Sie darauf antworten? Sind Sie glücklich? Oder anders gefragt: Was macht Sie glücklich? Die Antworten darauf sind nicht immer einfach und können auch sehr unterschiedlich ausfallen. Zum einen deshalb, weil die Vorstellungen vom Glück von ganz unterschiedlichen Bildern gespeist sind. Zum anderen aber auch deswegen, weil Menschen verschieden sind – im Temperament, im Charakter, durch prägende Erfahrungen und darum eben auch in den jeweiligen Vorlieben oder Erwartungen.

»*Schokolade macht glücklich*«, sagen die einen.

»*Andere glücklich machen, macht einen selbst glücklich*«, wissen manche aus eigener Erfahrung zu berichten.

»*Sport macht glücklich*«, sagt der durchtrainierte Läufer, und der gemütliche Sofaliebhaber meint: »*Sitzen dürfen macht mich glücklich.*«

»*Meine Aufgaben befriedigen mich und schenken mir Glück*«, sagen Vielbeschäftigte.

»*Ich bin so glücklich, wenn ich mal nichts tun muss*«, sagen andere.

»*Vorfreude macht glücklich*«, sagt die Jubilarin vor ihrem Geburtstag.

»*Der Rückblick auf ein schönes Fest*«, sagt eine Mutter nach der Hochzeit ihres Sohnes.

»*Heimatgefühle sind Wurzeln meines Glücks*«, sagen Menschen, die schon viel umziehen oder gar fliehen mussten.

»*Meine Kinder machen mich glücklich*«, sagt eine Mutter.

Der Großvater antwortet: »*Meine Enkel.*«

Und Eheleute sagen (hoffentlich oft): »*Das Zusammensein mit meinem Ehepartner macht mich glücklich.*«

Aber es gibt auch Menschen, die ihr Glück im Alleinsein finden, die dankbar sind, wenn sie sich immer wieder zurückziehen können.

An all diesen Antworten sieht man schon, dass es auf die Frage nach dem, was glücklich macht, keine Einheitsantworten gibt. So verschieden, wie Menschen sind, können auch ihre persönlichen Glücksbringer sehr unterschiedlich aussehen.

Unser Leben ist vielschichtig. Manche können von Glück im Unglück berichten – und andere von äußerlich schönen Momenten, in denen sie dann trotzdem nicht glücklich waren.

Eugen Roth wird das Zitat zugeschrieben: »*Ein Mensch schaut in die Zeit zurück und sieht: Sein Unglück war sein Glück.*«[1] Viele Menschen nicken zu diesem Satz. Fast jeder und jede könnte eine Geschichte dazu erzählen. Ereignisse, die zuerst frustrierend oder beängstigend waren, stellten sich im Nachhinein als großes Glück heraus.

Glücksbeschreibungen

Die deutsche Sprache benutzt den Begriff »Glück« in zwei sehr unterschiedlichen Bedeutungen. »*Glück gehabt*«, sagen wir und meinen damit Situationen, in denen jemand einen plötzlichen Gewinn macht oder durch Zufall einen Vorteil erlangt: »*Zum Glück war ich an der schnellsten Kasse*«, oder: »*Ich habe Glück gehabt, ich wäre fast von einem Auto überfahren worden und bin gerade noch davongekommen*«, oder: »*Der Dachziegel fiel einen Meter vor mir auf die Straße und nicht auf meinen Kopf – was für ein Glück*«. Man könnte es auch »das Glück des Zufalls« nennen. Das gibt es ja – zum Glück. Und es ist schön, wenn solche Momente zu unserem Leben immer wieder dazugehören.

Die eine Bedeutung meint also *Glück haben*, die andere eher den Aspekt des *Glückserlebens* oder *Glücksempfindens*.

Glück empfinden können wir, wenn wir zum Beispiel etwas Gutes essen, mit Freunden zusammen sind, eine wichtige Sache erfolgreich abschließen, einem Hobby nachgehen, etwas besonders Schönes sehen oder hören oder wenn wir etwas grundlegend Neues im Leben erfahren.

Dieses Glücksempfinden kann sehr verschieden erlebt werden. Ein Mädchen sagte einmal: »*Glück fühlt sich warm an und kribbelt im ganzen Körper.*« Andere sagen: Glück ist das Gefühl des inneren Aufatmens und Fliegens, befreit von Last, Zwang und Druck. Es ist ein innerer Zustand des Gleichgewichts, der Zufriedenheit, der Ausgewogenheit, der bis ins Körperliche hinein erfahrbar und spürbar ist. Oder es wird erlebt wie eine große Welle, die den ganzen Körper durchflutet. Ganz häufig wird Glück im Zusammenhang mit Dankbarkeit erlebt.

Wenn wir über Glück nachdenken, hilft uns die Unterscheidung zwischen kurzen Glückserlebnissen und inneren Haltungen, die uns prägen und in uns wirken. Wie wir schöne oder schwierige Ereignisse unseres Lebens deuten und welche Konsequenzen wir daraus ziehen, hat für unser Glücksempfinden im Leben genauso viel Bedeutung wie die kurzen Glücks- oder Unglücksmomente.

Deswegen sollten wir die kurzen Glücksmomente nicht schlechtmachen. Wir brauchen sie. Sie sind wie ein kleines Mosaik in unserem Leben. Viele kleine bunte Steine ergeben ein großes schönes Bild.

Beides trägt zum Glück im Leben bei – das kurze Glück der Momente und das lange Glück, das nachwirkt und prägt. Dies erleben wir oft in Zeiten nach besonders großen Ereignissen, die uns glücklich gemacht haben und an die wir noch gerne zurückdenken. Oder eben auch durch Ereignisse, die noch ausstehen und auf die wir uns schon lange Zeit im Voraus freuen.

Woran erkennt man glückliche Menschen?

Glücklich ist, wer sich auf die Kunst versteht, die Blumen in Reichweite zu einem Strauß zu binden.[2]

Dies ist ein sehr zutreffendes Zitat für die Beschreibung glücklicher Menschen. Gemeint ist damit: Wer sich mit den gegebenen Umständen seines Lebens arrangieren kann und lernt, daraus einen Nutzen zu ziehen, ja sich das Leben vielleicht sogar richtig schön zu machen, der hat etwas Wesentliches davon begriffen, wie das Leben glücklich wird.

Schon viele Forschungen haben sich dem Thema Glück gewidmet.

Sie kommen zu dem Ergebnis: Glückliche Menschen erkennt man an verschiedenen Verhaltensweisen[3]:

- Sie sind dankbar und zufrieden.
- Sie sind hilfsbereit und teilen gerne.
- Sie engagieren sich gerne für Mitmenschen, für ihre Gesellschaft, ihre Gemeinde, ihr Land.
- Sie sind gut in sozialen Netzwerken eingebunden.
- Häufig haben sie einen persönlichen Glauben.
- Meistens kommen sie mit schwierigen Situationen gut zurecht.
- Sie erholen sich nach schlimmen Erlebnissen schneller.
- Sie kennen ihre Stärken und entfalten diese auch.
- Sie haben einen positiven Blick auf das Leben.
- Sie arrangieren sich mit widrigen Lebensumständen.

Nun kann man fragen: Was ist Ursache und was ist Wirkung? Sind Menschen vielleicht auch deswegen glücklicher, weil sie gelernt haben zu danken, einen zufriedenen Blick auf das Leben zu werfen, hilfsbereit zu sein ...? Sicher stimmt beides – die innere Haltung bedingt Glücksgefühle, und Glücksgefühle verändern die Einschätzungen von Lebensereignissen und Verhaltensmustern.

Aber eines wird offensichtlich: Ob wir glücklich sind oder nicht, ist keinesfalls einem blinden Schicksal überlassen, sondern wir selbst haben einen wesentlichen Anteil daran. Zu einem guten Stück kann Glück erlernt oder zumindest eingeübt werden, denn es hat immer auch mit den persönlichen Deutungen des Lebens zu tun.

Wenn das so ist, dann ist ein Schlüssel zum Glück, die eigenen inneren Haltungen und Denkmuster zu überprüfen und gegebenenfalls auch zu verändern. Denn wer glücklich ist oder weiß, was er dazu beitragen kann, kommt insgesamt einfach besser mit dem Leben zurecht.

Glücksfalle »Wenn – dann«

Eine der typischen Glücksfallen kommt aus dem Denkmuster »Wenn – dann«: *Jetzt bin ich noch nicht glücklich. Erst wenn sich meine Lebensumstände verändern, werde ich glücklich sein können.*

* Wenn ich endlich reich bin, dann bin ich glücklich.
* Wenn ich endlich den Traumpartner fürs Leben gefunden habe, dann werde ich glücklich sein.
* Wenn ich so schlank wäre wie ..., dann wäre mein Glück vollkommen.

- Wenn mein Mann sich ändern würde, dann wäre mein Glück perfekt.
- Wenn meine Kinder gut erzogen sind, dann hätte ich endlich Glück.
- Wenn ich mal in einem eigenen Haus lebe, dann bin ich glücklich.

Fausto Massimi und sein Team an der Universität Mailand haben zahlreiche Personen interviewt, die von Schicksalsschlägen heimgesucht wurden, beispielsweise Menschen, die querschnittsgelähmt oder blind wurden. Anders als man es vermuten könnte, sind viele dieser Personen ein oder zwei Jahre nach dem tragischen Unglücksfall mehr als zuvor imstande, ihr Leben zu genießen. Umgekehrt deuten Forschungen über Lotteriegewinner darauf hin, dass sich das Glück nicht steigert, wenn man plötzlich ein Vermögen erwirbt. Nicht was jemandem widerfährt, sondern was er aus seinem Leben macht, bestimmt die Lebensqualität.[4]

Zu ganz ähnlichen Ergebnissen kam ein amerikanisches Forschungsteam[5], das sowohl Lottogewinner als auch Menschen nach einer Querschnittslähmung auf ihre Lebenszufriedenheit hin befragte.

Würde man uns vor die Wahl zwischen Lottogewinn und Querschnittslähmung stellen, wäre unsere Antwort sicher sofort klar. Wohl jeder und jede würde sich für den Lottogewinn entscheiden. In unserer Vorstellung wäre der Lottogewinner deutlich glücklicher als der Querschnittsgelähmte. Interessanterweise stimmt aber das Ergebnis der Befragung nicht mit dieser Erwartung überein.

In der ersten Zeit danach ist natürlich der Lottogewinner glücklich und der Querschnittsgelähmte unglücklich. Aber nach einer gewissen Zeit sind die unerwartet Reichen nicht zufriedener, und die Rollstuhlfahrer haben sich mit ihrer neuen Situation arrangiert.

Spätere Untersuchungen, bei denen mehrere hundert Patienten interviewt wurden, brachten dasselbe Ergebnis. Das Fazit der amerikanischen Forscher lautete: »Wer vorher mit seinem Leben einverstanden war, ist es jetzt auch. Und die Nörgler bleiben Nörgler.«[6]

Weder die Veränderung des finanziellen Niveaus noch der Gesundheit oder Schönheit, der klimatischen Verhältnisse oder der Bildung wirkt sich wesentlich auf den Glückslevel aus, auf dem Menschen leben.

Lothar Zenetti brachte es mit einer treffenden Beobachtung gut auf den Punkt: *»Ich traf einen jungen Mann, kerngesund, modisch gekleidet, Sportwagen, und fragte beiläufig, wie er sich fühle. Was für 'ne Frage, sagte er, beschissen! Ich fragte, ein wenig verlegen, eine schwerbehinderte ältere Frau in ihrem Rollstuhl, wie es ihr gehe. Gut, sagte sie, es geht mir gut. Da sieht man wieder, dachte ich bei mir, immer hat man mit den falschen Leuten Mitleid.«*[7]

Glück hängt selten von den äußeren Bedingungen ab.

Erfüllte Wünsche sind keine Glücksgarantie. Denn jedes erfüllte Bedürfnis, also jedes erfüllte »Wenn«, zieht sofort neue Wünsche und Bedürfnisse nach sich. Menschen stellen oft nach Erreichen eines bestimmten Zieles oder Wunsches fest, dass sie dadurch nicht glücklicher geworden sind. Vielleicht träumt jemand in seinem stressigen Beruf von einem Leben ohne Arbeit und Strapazen, von langen

Spaziergängen oder stundenlanger Lektüre, um dann im Ruhestand festzustellen, dass ihm eine feste Zeitstruktur, Erwartungen und Anerkennung anderer für sein Glück fehlen. Oder anders ausgedrückt: »Die Dinge, die man unbedingt haben will, sind nicht dieselben, die man auf lange Sicht gerne hat.«[8]

Was Menschen wirklich befriedigt oder glücklich macht, ist häufig völlig unabhängig von den äußeren Bedingungen. Alexander Solschenizyn schreibt in seinem Roman »Archipel Gulag« von seiner Zeit im russischen Arbeitslager: »Manchmal in einer Schlange gebeugter Gefangener unter den Rufen der Wachen mit ihren Maschinengewehren, spürte ich einen solchen Ansturm von Rhythmen und Bildern, dass ich über ihnen zu schweben schien. In solchen Momenten war ich zugleich frei und glücklich. Für mich gab es keinen Stacheldraht. Beim Appell stimmte zwar die Zahl, aber ich war weit fort auf einem fernen Flug. Ich war glücklich.«[9] An dieser Beschreibung wird deutlich, dass Gefühle und Gedanken und darum auch das Glück nicht von optimalen Rahmenbedingungen abhängig sind.

»Menschen, die Konzentrationslager überlebten oder fast tödliche Gefahren überstanden, erinnern sich häufig, dass sie mitten in ihrem Leiden ungewöhnlich intensive Freude bei einem schlichten Ereignis erlebten, wie beim Singen eines Vogels im Wald, der Lösung einer schweren Aufgabe oder wenn sie eine Brotkruste mit ihrem Freund teilten.«[10]

Der Apostel Paulus hat seinen Brief über die Freude, den Philipperbrief, im Gefängnis geschrieben, also unter schwierigen und menschenunwürdigen Umständen. Das Glück im Leben hängt bei Weitem nicht nur von den äußeren Umständen ab. Menschen, die alles haben, können todunglücklich sein. Menschen können unter schwierigsten

Lebensbedingungen glücklicher sein als manch andere, denen es äußerlich besser geht.

Manche Menschen suchen ihr Glück
wie sie einen Hut suchen,
den sie auf dem Kopf tragen.

Nikolaus Lenau

Woran liegt es, dass wir immer wieder in diese Falle des »*Wenn – dann*« tappen? Es liegt zum einen an unserer Vorstellungskraft: Wir stellen uns die Zukunft anders vor, als sie wirklich sein wird. Wir malen sie uns rosiger oder besser aus. Wir beamen sozusagen unsere Sehnsüchte in die nahende Zukunft. Zum anderen liegt es an den sogenannten Rückschaufehlern: Wir beschönigen im Rückblick die Vergangenheit. Wir vergessen Negatives schneller als Positives. Darum nährt sich unsere Vorstellung für die Zukunft auch an den geschönten Erlebnissen der Vergangenheit.

Die Haltung »*Wenn – dann*« hindert uns daran, wirklich in der Gegenwart zu leben, denn dann hängen wir in Gedanken entweder in der Zukunft, in der alles besser sein soll, oder in der Vergangenheit, in der alles schöner war, fest.[11] Die Fixierung auf später oder früher, das Sehnen nach einem besseren Leben in ferner Zukunft oder in zurückliegenden Zeiten, verhindert unser Glück.

Glücklich sind darum am ehesten die, die für besondere Momente im Leben offenbleiben. Glück kommt eben oft ganz unerwartet. Es stellt sich am ehesten ein, wenn ich aus einer tiefen Gelassenheit heraus leben kann, wenn ich vertrauen und mich Gott überlassen kann. Dann kehrt Frieden ein, Zu-frieden-werden mit dem Leben, den Lebensumständen. Auch Friede über dem, was jetzt gerade schwierig ist. Glück heißt nicht, dass alles immer gut ist, sondern dass ich lerne, auch mit widrigen Lebensumständen zu leben.

Man könnte es auch so sagen: Dein Glück ist da, wo du bist. Nicht dort, wo du irgendwann vielleicht oder hoffentlich mal sein wirst, ist vielleicht Glück, sondern da, wo du bist. Im Hier und Heute entdecken, wo das Glück verborgen ist. Nicht in fernen Zielen, sondern in den kleinen und großen Momenten der Gegenwart. Jetzt – heute – hier, vielleicht sogar mitten im Leid.

Das Glück ist ein Mosaikbild,
das aus lauter unscheinbaren
kleinen Freuden zusammengesetzt ist.

Daniel Spitzer

GLÜCKSPILZ ODER PECHVOGEL?

Pechvogel?

Im Hier und Heute entdecken, wo das Glück verborgen ist. Wie geht das? Und wie funktioniert es nicht? Es gibt Menschen, die verbieten sich das Glück. Sie leben mit der inneren Haltung: Ich darf gar nicht glücklich sein. Es steht mir nicht zu. Doch damit verbauen sie sich ihr Glück.

Solche Menschen deuten jedes Ereignis gegen sich, sehen sich immer als Opfer oder als Pechvogel. Max Frisch erzählt von einem Menschen, der sich selbst für einen Pechvogel hielt: »Die Erfindung, ein Pechvogel zu sein, ist eine der beliebtesten, denn sie ist bequem. Kaum ein Tag verging für diesen Mann, ohne dass er Grund hatte, zu klagen, keine Woche, kaum ein Tag ... und in der Tat, es stieß ihm immer etwas zu, was den anderen erspart bleibt.« [12] Doch dann passiert das Unglaubliche: Er gewinnt im Lotto. Der Mann aber »konnte es nicht fassen, dass er kein Pechvogel sei, wollte es nicht fassen und war so verwirrt, dass er, als er von der Bank kam, tatsächlich seine Brieftasche verlor«. Max Frisch resümiert: »Und ich glaube, es war ihm lieber so ... andernfalls hätte er ja ein anderes Ich erfinden müssen, der Gute, er könnte sich nicht mehr als Pechvogel sehen. Ein anderes Ich, das ist kostspieliger als der Verlust einer vollen Brieftasche, versteht sich, er müsste die ganze Geschichte seines Lebens aufgeben, alle Vorkommnisse noch einmal erleben, und zwar anders, da sie nicht mehr zu seinem Ich passen.«[13]

Wie ich mein Leben deute – auch die schweren Schicksalsschläge –, hängt ganz entschieden mit davon ab, ob ich darin Glück erleben kann oder nicht. Wenn ich mich immer als Opfer sehe, alles negativ definiere, dann habe ich Mühe, für die kleinen und großen Dinge dankbar zu sein.

Denke nicht so oft an das, was dir fehlt, sondern an das, was du hast.

Marc Aurel

Wenn ich nur von überhöhten Erwartungen und Zielen her denke, bin ich ganz schnell frustriert. Dasselbe passiert, wenn ich mich auf die Widrigkeiten meines Lebens fixiere. Paul Watzlawick beschreibt dies sehr anschaulich in seinem Buch »Anleitung zum Unglücklichsein«[14].

Menschen haben die Fähigkeit, sich so auf Empfindungen oder Wahrnehmungen zu fixieren, dass sie diese schlussendlich für wahr halten und sogar bestimmte körperliche Reaktionen dadurch hervorrufen. Durch die eigene Vorstellungskraft

können Menschen Geschmackseindrücke, unangenehme Körpergefühle oder falsche Wahrnehmungen herbeiführen.
Beispiele:

- Wer sich vorstellt, in eine Zitrone zu beißen, dem wird nach einer Weile das Wasser im Mund zusammenlaufen.
- Wer sich auf kleinere körperliche Schmerzen fixiert und nur noch davon redet, fühlt sich am Ende des Tages krank.
- Wer sich darauf konzentriert, seine Schuhe seien zu eng, wird dies nach einer Weile tatsächlich so empfinden.
- Wer sich auf die Staubpunkte auf dem Auge konzentriert, kann sich nach einer Weile einbilden, dies sei eine gefährliche Krankheit.
- Wer in einen stillen Raum geht und auf das Summen, Pfeifen oder Brausen in den eigenen Ohren hört, kann sich einen Tinnitus einreden.
- Wer sich einbildet, alle äußeren Umstände seien immer gegen ihn (»Immer wird die Ampel rot, wenn ich komme.« – »Die Schlange, in der ich stehe, ist immer die längste«, usw.), wird sich am Ende immer schon im Vorfeld als Pechvogel sehen.

Menschen können sich vorstellen, ihr ganzer Alltag sei von schicksalsträchtigen Widerständen gegen sie durchzogen. Durch innere Fixierungen darauf schaffen sie sich immer neue Probleme und sind am Ende davon überzeugt, dass sie eben Pechvögel oder Minderwertige sind.

Tatsächlich passiert dann auch das Negative. Manche Menschen richten sich »gerne« im Negativen ein. Mit der Zeit gewinnt dann das Negative eine Eigendynamik. In der Psychologie spricht man in diesem Zusammenhang auch von »self-fulfilling prophecy« (sich selbst erfüllende Prophezeiung): *Es kann nur negativ kommen, alles andere ist nicht denkbar, das Gute ist nicht erlaubt.* Das Negative oder das Schlimme ist dann das Vertraute, das Gewohnte. Oft stellen Pechvögel solche Situationen selbst her, in denen ihnen Schlimmes passiert. Dann stimmt das Selbstbild wieder: *Es kann nur schlecht kommen. Gutes oder gar Glück passt eben nicht zu mir.* Solche negativen Selbstbotschaften sind ein guter Nährboden für Bitterkeit und Selbstmitleid.

Aber das Umgekehrte gilt eben auch: Menschen können einen positiven Blick auf das Leben lernen. Auch im Unglück gibt es noch Glück: »... *es hätte auch noch schlimmer kommen können.*« In jeder Schwierigkeit ist auch eine Chance verborgen. Und leidvolle Situationen können zur Chance werden, weil sie mich dazu führen, mein Leben aus neuen Perspektiven anzuschauen, manche Lebensprioritäten neu zu überdenken, manche Erfahrungen anders einzuschätzen.

Hier ist aber ein relativierender Einwand wichtig: Diese Aussage gilt natürlich zunächst nicht für Extremerlebnisse, bei denen mein Leben oder das Leben anderer gefährdet ist oder zerstört wird. Bei schweren Einbrüchen ins Leben, traumatischen Erfahrungen oder schwerem Unglück braucht es oft erst eine lange Zeit der Trauer und der Verarbeitung des Schlimmen, bevor man im Rückblick auch den positiven Gewinn darin sehen kann. In solchen Zeiten fühlt sich ein Mensch nicht glücklich, sondern unglücklich. Das darf sein und muss sein dürfen. Von solchen Menschen zu verlangen, dass sie jetzt möglichst schnell wieder glücklich sein müssten, wäre sehr unbarmherzig. In schweren Zeiten gibt es auch ein Recht aufs Unglücklichsein, auf Schmerz und Trauer. Das gehört zum gesunden Menschsein dazu (mehr dazu S. 141 ff.).

Aber auch hier gilt: Je nachdem, welchen Gedanken ich dauerhaft Raum gebe und damit Macht einräume, fangen diese an, über mich zu bestimmen und zu herrschen. Anselm Grün beschreibt dies in seinem Buch »Einreden«[15]. Sätze und Selbstbeurteilungen, denen wir Raum geben, bestimmen uns und wirken sich auf unsere Haltungen und damit auf unser Verhalten aus.

Eine Frau steht am Morgen auf und schaut aus dem Fenster: Es regnet.

Ihr erster Gedanke: Scheißwetter. Und ich wollte heute Morgen doch joggen gehen.

Vor lauter Frust zerbricht sie im Bad eine Parfümflasche, die Frustration steigt.

Beim Frühstück ist sie verärgert über die durchnässte Zeitung und die Schlampigkeit des Zeitungszustellers. Der Kaffee macht ihr Magenprobleme.

Auf dem Weg zur Arbeit stehen alle Ampeln auf Rot, und einen Parkplatz findet sie erst nach langem Suchen. Das alles steigert ihre Frustration.

Der Chef hat schlechte Laune, und sie bekommt es deutlich zu spüren. Sie reagiert gereizt.

Die Kollegin ist krank, und so muss sie doppelt so viel arbeiten. Das alles nervt sie ungeheuer und sie steigert sich immer weiter in ihre schlechten Gefühle hinein. Auf dem Heimweg ist sie so müde, dass sie beinahe einen Auffahrunfall verursacht. Sie denkt: So kann das nicht weitergehen. Ich werde dem Chef ein deutliches Wort sagen und mich gegen diese Zustände wehren.

Am Abend zieht sie Bilanz und sagt: Was für ein beschissener Tag.

Glückspilz?

Setzen wir nun in die genau gleichen Situationen eine Frau, die sich selbst als Glückspilz bezeichnen würde. Ihr passieren die genau gleichen Dinge, aber sie deutet sie anders.

Sie steht auf und sieht, dass es regnet. Eigentlich wollte sie den Tag mit Jogging beginnen, aber nun beschließt sie, den Tag mit mehr Ruhe anzugehen. Im Bad fällt ihr eine teure Parfümflasche aus der Hand und zerbricht. Schade, denkt sie, aber die Parfümflasche war ja schon fast leer. Und so freut sie sich schon jetzt auf einen neuen Duft. Beim Frühstück amüsiert sie sich über die durchnässte Zeitung. Sie kennt den Zeitungszusteller und denkt: Wie gut, dass er auch bei diesem Wetter die Zeitung bringt. Der Kaffee ist ein guter Kontrast zu der feuchten Zeitung.

Auf dem Weg zur Arbeit stehen alle Ampeln auf Rot – das kennt sie schon. Sie nutzt die Zeit zum Singen, manchmal liest sie in solchen Pausen auch ihre Mails auf dem Handy und hat so zu Hause schon weniger Stress. Einen Parkplatz muss sie lange suchen. Dafür – so denkt sie – wohnt sie aber in einer Gegend, in der viele Menschen Arbeit haben.

Der Chef hat heute schlechte Laune, und sie bekommt es zu spüren. Aber sie weiß auch, dass er ein schwer krankes Kind zu Hause hat, und kann sein Verhalten darum so einordnen, dass sie es nicht persönlich nimmt.

Die Kollegin ist krank, und sie hat doppelt so viel zu tun. Es ist anstrengend, aber es liegt nun auch alles in ihrer Hand. Sie verschafft sich dadurch leichter den Überblick und kann manches auch koordinieren.

Auf dem Heimweg ist sie so müde, dass sie beinahe einen Auffahrunfall verursacht.

»Wie gut, dass ich mich zu Hause jetzt erholen kann«, denkt sie. Sie freut sich auf ein paar ruhige Stunden bei Musik und Wein und denkt am Abend: Was für ein herausfordernder Tag. Ich danke Gott dafür, dass alles gut gegangen ist.

An diesem Beispiel wird deutlich, dass wir einen hohen Anteil daran haben, wie wir unser Leben empfinden. Allein durch die Deutungen verändert sich mein Blick auf das Erlebte. Wie man sich in der Gegenwart fühlt, hängt nur zu einem Teil von dem ab, was passiert ist. Einen hohen Anteil daran haben eben auch die Deutungen der Erlebnisse und ob ich dem Schlimmen auch noch etwas Positives abgewinnen kann.

Menschen, die sich selbst als »Glückspilze« bezeichnen, erleben auch deshalb mehr Glück, weil sie aus schlechtesten Erfahrungen oder Ereignissen noch eine positive Bilanz ziehen können. Glückspilze sagen auch in schweren Situationen nie: *»Ich habe einfach Pech gehabt«*, sondern: *»Es ist auch zu etwas gut«*, oder: *»Demnächst wendet sich das Blatt wieder zum Besseren«*. Denn es ist ja nun wahrlich nicht so, dass die sogenannten Glückspilze nie Schlimmes erleben. Im Gegenteil: Lernt man sie näher kennen und erfährt Details aus deren Leben, dann schauen diese auf mindestens genauso viel schlimme Ereignisse oder Erlebnisse zurück wie die sogenannten Pechvögel. Nur haben sie eben gelernt, anders damit umzugehen und diese Erlebnisse anders zu deuten.

Ernst Kirchgässer sagte einmal: *»Ich freue mich immer, wenn schlechtes Wetter ist, denn wenn ich mich nicht freue, ist auch schlechtes Wetter.«*[16]

» Glückspilze« sind grundsätzlich offener für neue Erfahrungen im Gegensatz zu den Pechvögeln, die eher in alten Mustern oder routinierten Abläufen festgefahren sind. »Pechvögel« vermeiden es häufig, sich auf neue Erfahrungen einzulassen. Glückspilze dagegen sind vor neuen Herausforderungen meistens noch entspannt genug, um sich Neuem auszusetzen. Neugier wird von manchen Forschern geradezu als Voraussetzung für Glück und glückliches Leben gesehen.[17]

Die Seele nährt sich von dem, woran sie sich freut.

Augustinus

Nun ist diese Haltung, das Leben positiv oder negativ anzusehen, natürlich nicht angeboren, sondern erlernt. Dies ist eine hoffnungsvolle Botschaft für alle Pechvögel. Denn was erlernt ist, kann auch verlernt werden oder besser noch: Es kann umprogrammiert werden.

Wir können lernen, unsere Gedanken neue Wege gehen zu lassen.

Gedankenstopp

Die Verhaltenspsychologie arbeitet schon lange mit der Technik des Gedankenstopps. Diese basiert auf dem Wissen, dass alles, was oft getan oder gedacht wird, eine sogenannte neurologische Bahn im Gehirn legt. Je öfter diese Bahn befahren wird, desto breiter wird sie, bis sie schließlich eine Art neurologische Autobahn geworden ist. Worte, Gedanken und Taten ziehen also eine »Furche«.

Man kann auch das Bild von Wasserläufen benutzen. Wasser hat die Eigenschaft, die Landschaft zu verändern. Je länger Wasser an einer bestimmten Stelle läuft, desto tiefer gräbt sich das Flussbett in die Landschaft ein. Umso mehr Zuläufe den Fluss speisen, desto breiter, tiefer und reißender wird er.

Genau das Gleiche geschieht mit unseren Gedanken oder mit Tätigkeiten. Je häufiger wir etwas tun oder denken, desto schneller rutschen wir schon bei kleinsten Auslösern in deren Bahnen. Sie werden zu Gewohnheiten oder sogar zur Sucht.

Die Technik des Gedankenstopps kann uns nun helfen, die Flussrichtung zu verändern, die Zuläufe zu sperren, das Flussbett zuzuschütten und den Gedanken oder Tätigkeiten eine neue Richtung zu geben.

Wie genau funktioniert das?

Stellen Sie sich eine typische Situation aus Ihrem Leben vor, in der Sie sich schwertun oder Mühe haben.

Nun fragen Sie sich, was für ein positives inneres Bild, welcher Gedanke, welche Vorstellung ein gutes Gegenbild wäre. Was würde mir einen neuen Blick oder auch neue Gefühle, neue innere Sicherheit geben können?

In der Seelsorge gebe ich gerne den Rat, sich mit dieser Frage Gott hinzuhalten und ihn um ein neues Bild zu bitten, einen neuen Gedanken, eine neue Richtung. Die Antwort können Sätze, Bilder, Eindrücke, Verheißungen, Liedverse usw. sein. Jeder Mensch hat seine eigenen negativen Einreden und braucht darum auch seine ganz persönlichen Zusagen und Verheißungen. Und diese will Gott schenken.

Wenn solch ein neues Bild, ein Gedanke, ein Eindruck kommt, sollte dieser ausgedrückt, formuliert und erzählt werden, damit er klar und wahr wird.

Jedes Mal, wenn dann in Ihrem Alltag eine der typischen schwierigen Situationen entsteht, Gedanken und Gefühle ihre gewohnten negativen Bahnen zu ziehen beginnen, können Sie den neuen Gedanken, das Gegenbild dagegensetzen – und auf diese Weise dem Negativen Einhalt gebieten, eben einen Stopp setzen.

Am Anfang ist das nicht leicht. Es kann viel Kraft und Anstrengung kosten, denn das Gewohnte ist das Vertraute und scheint zunächst einfacher und bequemer.

Auf Dauer aber ist es ungeheuer befreiend, zu erfahren: Ich muss mich nicht ständig von alten Gewohnheiten oder Denkmustern mitreißen lassen, sondern ich kann diesen alten Mechanismen tatsächlich einen Stopp setzen.

Die Neurobiologie nennt diese Fähigkeit zur Veränderung »Neuroplastizität«.

Der Gedankenstopp ist eine große Hilfe, den Gedanken neue Wege zu weisen. Wie im Leben, so ist es auch im Gehirn.

Fähigkeiten, die nicht trainiert werden, verkümmern. Schaltungen, die nicht benutzt werden, bilden sich zurück. Dies gilt sowohl im Positiven wie im Negativen!

Wer dauernd Schlechtes denkt, erlebt die Welt auch so, und wer sich viel mit Positivem, mit Dankbarem und Schönem beschäftigt, der wird die Welt auch positiver erleben.

Die Deutung der Wirklichkeit spielt also eine wesentliche Rolle dabei, Glück erleben zu können. Bei dieser Deutung kann auch der Glaube eine ganz entscheidende Rolle spielen. Wenn Menschen ihr Leben in der Beziehung zu Christus gestalten, dann erweitert sich die Deutungsmöglichkeit des Lebens um ein Vielfaches. Dann können Menschen bei allem, was geschieht, immer auch fragen: Was will Gott mir dadurch sagen? Oder auch: Was ist Gottes Sichtweise über diesem Geschehen? Wie denkt er über mich? Wie bewertet er mein Leben? Woher beziehe ich meine Würde?

Eine dankbare und gelassene Gottesbeziehung ist Grundbedingung für gelingendes, glückliches Leben. Wenn ich mich in der Hand eines liebenden Vaters weiß, werde ich Erlebnisse anders deuten, als wenn ich ohne Gott lebe oder wenn ich Gott von vornherein misstraue. Ohne diese Grundgeborgenheit bleibt vieles sinnlos, aber in der Beziehung zu ihm erhalten auch die schweren Stunden einen Sinn. Das heißt nicht, dass im Leben alles klappt und funktioniert, aber es heißt: Wir können dankbar für Gottes Führungen werden und ihm vertrauen, dass er es letztlich gut mit uns meint. Gerade in Leid oder Katastrophen des Lebens ist es eine ungeheure Hilfe, wenn Gottes Wahrheiten Macht im Leben gewinnen dürfen und sich so Neues gestalten kann. Wenn wir von dem her leben und denken, was Gott für uns getan hat und was er uns schenken will, bekommen wir eine neue Sicht auf das Leben und damit auch Deutungsmöglichkeiten für schwierige Situationen. Damit wird es auch viel einfacher, den negativen Sätzen im Kopf positive entgegenzusetzen.

Ein Beispiel dazu:

Ich war ein Mensch voller Sorgen. Ich lernte, mich richtig-
gehend in Sorgen hineinzusteigern. Schon kleinste Auslö-
ser führten meine Gedanken in Katastrophenszenarien. Mit
der Zeit wurde ich richtig gut im Sorgen. Das Ergebnis war,
dass ich keine Lichtstreifen am Horizont mehr sehen konnte, sondern im Gegenteil: Das ganze Leben kam mir wie ein
mühsamer Weg in Zeitlupe unter einer grauen Wolkende-
cke vor.

Der Anfang davon, dass Sorgen bestimmend und prä-
gend in meinem Leben wurden, war die Zeit, als ich jung
verheiratet war und noch sehr kleine Kinder hatte. Bei allen
möglichen Dingen fing ich an, mir Sorgen zu machen und
mich in Ängste hineinzusteigern. Wenn mein Mann zum
Beispiel nicht zur vereinbarten Zeit nach Hause kam, dann
wurde ich unruhig, fing an, dauernd auf die Uhr zu schau-
en, überlegte, ob ihm eventuell etwas passiert sein könnte. Handys gab es damals noch nicht. Ich stellte mich ans
Fenster und hielt Ausschau nach ihm. Ich steigerte mich
dann immer mehr in Ängste hinein. Ich stellte mir vor, er
hätte einen Unfall haben können und dass der Unfall sogar
hätte tödlich enden können. Innerhalb von wenigen Minuten sah ich mich dann in Gedanken als junge Witwe mit
(damals noch) zwei kleinen Kindern am Grab stehen und
alles zusammenbrechen.

Je mehr ich solchen Ängsten Raum gab, desto mehr entwi-
ckelte sich daraus ein richtiger Mechanismus. Beim kleinsten Anlass gab ich mich meinen Sorgen und Ängsten preis
und fing an, mich um mich und meine Ängste zu drehen.
Ich war dann auch unfähig, noch etwas Sinnvolles zu tun. In
der Folge war ich oft ungeduldig mit den Kindern, launisch

und unausgeglichen. Ich übte es allmählich so richtig ein, mich diesen Gedanken preiszugeben und mich von ihnen gefangen nehmen zu lassen. Das Sorgen und Ängstigen war zu einer lähmenden Gedankenstruktur geworden, die mich auch emotional besetzte.

Noch schlimmer wurde es, als wir an einen anderen Ort umzogen und alle unsere Kinder dort an Pseudokrupphusten erkrankten. Das ist ein Husten, der nur nachts auftritt – mit Eintritt der Dämmerung – und der die Atemwege bis zu Erstickungsanfällen verengt. Die beiden jüngeren Kinder, die dort geboren wurden, bekamen schon als Säuglinge von drei Monaten diesen Pseudokrupphusten. Ich fühlte mich diesem Geschehen hilflos ausgeliefert, wenn vor allem im Herbst oder im Frühjahr der Pseudokrupphusten gehäuft auftrat. Schließlich hatte ich ja »gelernt«, mich Ängsten preiszugeben und mich davon gefangen nehmen zu lassen. Berichte von anderen Frauen, die noch schlimmere Erlebnisse von Pseudokrupphusten erzählten, geisterten dann in meinem Kopf herum. Bilder von Kindern im Krankenhaus, die an Pseudokrupphusten erstickt und gestorben waren, gingen mir durch den Sinn.

In solchen Zeiten lernte ich Angstschweiß und Herzrasen kennen. Nachts konnte ich vor Angst oft nicht richtig schlafen oder schreckte immer wieder aus dem Schlaf hoch. Doch der Pseudokrupphusten bei unseren Kindern war nie so schlimm, dass wir nachts einen Arzt gebraucht hätten. Das Schlimme war der Mechanismus, das Karussell der Gedanken, in dem ich mich befand. Denn nicht nur nachts bestimmten mich dann diese Ängste. Auch tagsüber hatte ich oft das Gefühl, als ob eine dunkle Decke über allem liege und ich mich nicht mehr richtig freuen könnte. Dann fühlte ich mich immer wie gelähmt und unfähig zu klaren Entscheidungen. An solchen Tagen kam es mir oft so vor, als ob das Leben in einer endlosen, kalten Zeitlupe dahinsieche und es keine Horizonte gäbe. Und das alles nur aus dem panikartigen Starren auf die Angst heraus.

Zum Glück war ich damals nicht allein. Es war auch eine sehr intensive Zeit des Redens über die Bibel mit meinem Mann. Die Frage, was denn die Aussagen der Bibel mit meinem ganz persönlichen Alltagsleben zu tun haben, trieb mich immer wieder um. Wie kann mein innerstes Erleben davon geprägt und verändert werden? Und wenn Christus die Kraft ist, die unser Leben ergreifen will: wie wird das dann konkret in meinem Leben?

Eines Tages begegnete mir in all dem Fragen eine Bibelstelle aus Matthäus 6,27. Jesus sagt darin: »Wer ist unter euch, der seines Lebens Länge [d. h. auch der Lebenslänge seiner Kinder] eine Spanne zusetzen könnte, wie sehr er sich auch darum sorgt?«

Dieser Bibelvers ging mit mir und führte meine Gedanken langsam aus der Negativspirale heraus. Für mich bedeutete der Satz damals: Gott hat Anfang und Ende deines Lebens und des Lebens deines Mannes und deiner Kinder doch schon längst beschlossen. Was kannst du dann mit deinem Sorgen und deinem dauernden Kreisen um dich und deine Ängste daran ändern? Doch gar nichts. Und es liegt letztlich auch nicht an deinem Versagen, wenn etwas passiert, sondern alles ist in Gottes Hand aufgehoben, was dir an Gutem und Schlechtem begegnet. Also kannst du doch mit dem Sorgen und Ängstigen auch aufhören und stattdessen Vertrauen einüben.

Und noch etwas lernte ich in dieser Zeit: Ich kann selbst entscheiden, welchen Gedanken ich in mir Raum gebe – also auch welchen Sorgen und Ängsten. Die Angst wird durch irgendwelche Gedanken oder Gefühle ausgelöst, aber dann ist es meine Entscheidung: Gebe ich jetzt diesen Gedanken weiter Raum – kreise ich ständig darum? Oder bin ich bereit, den Ängsten die Wahrheit Gottes entgegenzustellen und ihnen damit die Macht zu nehmen?

Ich versuchte, das in meinem Alltag umzusetzen. Ich nahm mir vor: Wenn die Angst wiederkommt, dann sage ich mir: »Ja, ich habe jetzt Angst vor etwas Schlimmem, vielleicht Angst vor dem Tod. Aber Gott hat dein Leben und das Leben deiner Kinder und deines Mannes in der Hand. Mit deinem Sorgen kannst du nichts daran ändern. Und selbst wenn etwas wirklich Schlimmes passiert, sind wir immer noch unter Gottes Barmherzigkeit. Also kannst du dein Sorgen auch loslassen.« Am Anfang war das recht mühsam und anstrengend. In dem Moment, als ich ganz bewusst den negativen Gedanken entgegensteuern wollte, merkte ich erst, wie oft diese negativen Gedanken und Gefühle mich am Tag überfielen. Am Anfang musste ich vielleicht 20- bis 30-mal am Tag diesen Gedankenstopp einüben, mir bewusst machen, dass ich wieder in negativen Gefühlen stecken geblieben war. Aber mit der Zeit bekommt man auch in solchen Dingen Übung. Und es dauerte nicht lange, dass ich immer schneller aus der Negativspirale herauskam. Auf diese Weise kehrte in mein Leben immer mehr Vertrauen in Gott und auch neue Freude und Gelassenheit ein. Und nicht nur in den Gedanken, sondern auch in den Entscheidungen wurde dieses Verhalten immer prägender.

Dankbarkeit macht glücklich

Vielleicht ist schon deutlich geworden: Wir können das Glücklichsein genauso wie Unglücklichsein ein Stück weit erlernen oder trainieren.[18] Als Schlüssel zum Glück könnte man folgende Parole ausgeben: *Danken statt jammern.*

Nicht die Glücklichen sind dankbar,
es sind die Dankbaren, die glücklich sind.

Sir Francis Bacon

Wer viel jammert oder negativen Gedanken und Gefühlen Raum gibt, macht sich selbst das Leben schwer. Das Jammern und die negativen Gedanken bringen uns in eine Opferrolle. Wer viel klagt und jammert, erhöht seinen Stresspegel im Blut, langfristig wirkt sich das negativ auf den ganzen Körper aus.

Aber Dankbarkeit verändert unser Leben zum Positiven, zur Zufriedenheit und Gelassenheit. Dankbarkeit verhilft zu neuen Einstellungen, neuen Denkmustern und neuen Lebenshaltungen. Glück und Dankbarkeit hängen eng miteinander zusammen. *Am glücklichsten sind nicht die, die am meisten haben, sondern die am meisten danken können.*

»Es fällt schwer, unzufrieden, feindselig oder verbittert zu sein, wenn man für etwas dankbar ist«, lautet das Resümee

Sonja Lyubomirskys, einer Psychologin, die mit verschiedenen Teilnehmern eine Dankbarkeitsstudie machte. Sie ließ die Teilnehmer über mehrere Wochen aufschreiben, wofür sie dankbar sind. Der Glückszustand der Teilnehmenden hatte sich danach deutlich verbessert.[19]

»Dankbarkeit ist die Wachsamkeit der Seele gegen die Kräfte der Zerstörung«, so formulierte es Gabriel Marcel.[20] Und das stimmt ja auch. Wer Dankbarkeit einübt, ist weniger gefährdet, in negativen Gedankenspiralen und seelischen Abgründen festzuhängen. Die Dankbarkeit ist wie eine Schutzmauer um die Seele.

Gründe zum Danken gibt es oft mehr, als wir meinen. Menschen, die miteinander durchs Leben gehen – Freunde, Geschwister, Ehepartner, Nachbarn –, können sich gegenseitig immer wieder auf solche Glücksmomente aufmerksam machen. Denn wie oft haben wir Glück und beachten es gar nicht. Wir haben ein Dach über dem Kopf und genug zu essen. Wir haben Kleidung und Aufgaben, die uns erfüllen. In der Prüfung kommt die vorbereitete Frage, das Wetter im Urlaub ist super, beim Einkauf konnten wir schöne Schnäppchen machen, wir hatten Glück bei der Wohnungssuche. Wir haben gute Nachbarn oder anderweitig günstige Lebensbedingungen.

Menschen neigen oft dazu, immer zuerst das Negative zu sehen und den schlimmen Erfahrungen mehr Gewicht beizumessen. Deswegen werden wir zum Beispiel in Psalm 103,2-5 ermutigt, das Danken nicht zu vergessen:

»Lobe den Herrn, meine Seele, und vergiss nicht, was er dir Gutes getan hat: der dir alle deine Sünde vergibt und heilet alle deine Gebrechen, der dein Leben vom Verderben erlöst, der dich krönet mit Gnade und Barmherzigkeit, der deinen Mund fröhlich macht ...«

Die Grundaussage der Bibel kommt hier schön zusammengefasst vor: Gott meint es gut mit dir! Er heilt dein Leben – von Verderben und Schuld. Er erlöst aus Gefangenschaften und Zwängen. Er will dir Gnade und Barmherzigkeit schenken.

In vielen Bibelstellen werden wir zur Dankbarkeit aufgefordert.[21] Manche meinen, sie könnten nicht danken, wenn sie sich nicht dankbar fühlen. Doch dies ist ein Missverständnis. Es gibt einen Unterschied zwischen dankbar sein und danken – anders ausgedrückt: zwischen Gefühlen der Dankbarkeit und dem Bekenntnis Gott gegenüber. Dankbar sein, danken können, hängt nicht zuerst mit unseren Gefühlen, sondern mit unserem Denken zusammen. Denken und Danken stammen aus der gleichen Wortwurzel. In meinem Denken fängt das Danken an, nicht in meinen Gefühlen. Das hebräische Wort für danken »jada« bedeutet auch »anerkennen, bekennen«.

Damit hat es auch eine deutliche Verbindung zum Gedankenstopp. Ich mache mich fest an einer neuen Wahrheit über meinem Leben. Mein Denken und Fühlen verankert sich nicht im Ist, sondern im Soll. Nicht in der Gegenwart, sondern in der zeitlosen Wahrheit Gottes.

Danken bedeutet also zuerst, die Blickrichtung zu ändern, sich Gott zuzuwenden, unserem Leben in allen Dingen einen Bezug zu ihm zu geben. Die alltäglichen Dinge unseres Lebens, die kleinen und großen, die schönen und schweren, auch die belastenden dürfen wir in Gottes Gegenwart bringen und uns ihm voll Vertrauen zuwenden. Sogar wenn es uns ganz schlecht geht, auch wenn wir uns mies fühlen oder schuldig, können wir zumindest in unseren Worten einen Bezug zu Gott herstellen. »Seid dankbar in allen Dingen« (1. Thessalonicher 5,18) heißt in unsere Alltagswirklichkeit hinein übersetzt: *Legt alles in Gottes Hand, vertraut in jeder Beziehung Gott. Wisst, dass Gott mit allem, was euer Leben ausmacht, etwas zu tun haben will.*

Wo wir schuldig geworden sind, will Gott uns vergeben. Wo wir in den tiefsten Tiefen stecken – auch von persönlicher Schuld –, gibt es einen Ausweg. Ist das kein Grund zum Danken?

Wenn wir über Menschen oder über eine Situation verzweifelt sind, weiß Gott, warum das so ist. Das ist ein Grund zum Danken.

Selbst wenn meine Gefühle dagegensprechen, liebt Gott mich und hält mein Leben in der Hand. Auch wenn für mich die Zukunft in Dunkelheit liegt, kennt Gott den Weg. Ich gehöre Gott und nicht mir selbst, also ist doch letztlich auch Gott für mich und mein Leben, für meine Familie und meine Situation zuständig – das ist ein Grund zum Danken.

Die Dankbarkeit ist der Schlüssel zur Zufriedenheit im Leben.

Dankbarkeit kann man lernen. Sich immer wieder das Gute vor Augen zu führen, kann zur schönen Gewohnheit werden. Wenn man mit Kindern eine Dankbarkeitsübung macht, können diese oft gar nicht mehr aufhören zu danken: angefangen von den Farben der Blumen und der Decke über dem Kopf bis hin zu dem Auto vor der Tür und dem Vogel auf dem Baum. Diesen kindlichen Blick auf das Leben dürfen wir als Erwachsene wieder zurückgewinnen. Jesus meint es so, wenn er sagt: »Wenn ihr nicht umkehrt und werdet wie die Kinder, so werdet ihr nicht ins Himmelreich kommen« (Matthäus 18,3).

Ungezwungen, dankbar auf das Leben schauen und auch das Unbekannte und Neue als Schatz für das eigene Leben entdecken.

Hilfreich finde ich den Rat, sich jeden Abend einige Gedanken oder Erfahrungen in einem Dankbarkeitstagebuch zu vermerken. Besonders Menschen, die eher einen melancholischen Blick auf das Leben haben, profitieren sehr von dieser Übung.

Wer sich diese Übung aneignet, kann immer wieder in einem solchen Buch blättern. Es kann zu einem richtigen Schatzbrevier werden. Dadurch kann es auch in schweren Zeiten zur Stütze werden unter dem Motto: *Sieh doch, was Gott schon Gutes für dich getan hat; auch das gehört doch zu deinem Leben.*

Dankbarkeitstagebücher helfen auch im Umgang mit Menschen, an denen wir leiden oder mit denen wir uns schwertun. Wenn wir lernen, auch die wertvollen Dinge an solchen Menschen zu sehen, wird der alltägliche Umgang oder das Zusammenleben mit diesen leichter. Der Blick fixiert sich dann nicht mehr nur am Negativen oder Störenden.

Mancher Frau hat es schon geholfen, statt ständig am Ehepartner herumzunörgeln, sich jeden Tag einen Dankpunkt im Blick auf den eigenen Mann aufzuschreiben. Da kommen in einer Woche immerhin schon sieben Punkte zusammen. Wenn ein oder mehrere solcher Dankpunkte gelegentlich auch dem Ehepartner gegenüber ausgesprochen werden, verändert sich die Beziehung mit Sicherheit in Richtung zu mehr Gelassenheit, Freundlichkeit und Entspanntheit.

Vergiss im Dunkeln nie,
was Gott dir im Licht schon gezeigt hat.

Verfasser unbekannt

GLÜCK UND DIE BIBEL

Die Bibel ist das beste Psychologiebuch der Welt. Zu diesem Ergebnis komme ich immer aufs Neue, je mehr ich die Bibel und je mehr ich die Menschen kennenlerne. Interessant ist für mich dabei auch die Beobachtung, dass viele Ergebnisse der Glücksforschung mit Aussagen der Bibel übereinstimmen.

Die Glücksforscher sagen: Seinem Glück kann man auf die Sprünge helfen, wenn man Dankbarkeit einübt, freundlich ist, genießen kann, loslassen kann, vergeben will und würdevolle Beziehungen gestalten kann.[22] Das Glück kommt am wenigsten von Reichtum, Wohlstand oder Geld. Auch nicht aus den High-Gefühlen durch Drogen, Alkohol oder Tabletten. Und auch nicht aus Handlungen, die das Glück herbeizwingen wollen: Beschwörungen, Horoskope, Talismane, Bindung an Gegenstände oder Substanzen wie Heilsteine, Duftessenzen, Armbänder oder Amulette.

Solche Ergebnisse der Glücksforschung finden sich bereits in vielen biblischen Aussagen. Diese sollen in diesem Buch immer wieder auch zitiert werden. So zum Beispiel die Schöpfungsgeschichte am Anfang der Bibel. Sie ist sozusagen die Initialzündung der Menschheit. Dort gibt Gott die Grundbedingungen für gelingendes, für glückliches Leben vor.

Schöpfungsgeschichte und Glück

- Die erste Grundbedingung lautet: Der Mensch braucht Gott. Gott schuf den Menschen als Gegenüber zu ihm. In 1. Mose 1,27 heißt es: »Und Gott schuf den Menschen zu seinem Bilde, zum Bilde Gottes schuf er ihn; und schuf sie als Mann und Frau.«
  Das bedeutet auch: Menschen sehnen sich danach, glauben zu können. Es hilft ihnen, wenn sie ihr Leben in der Gottesbeziehung verankern, wenn sie nicht auf sich geworfen sind. Glauben können, eine Perspektive über sich selbst hinaus haben können, macht glücklich. All die Haltungen wie Dankbarkeit, teilen, vergeben können, Gelassenheit und Zuversicht ergeben sich aus der Beziehung zu Gott, dem Schöpfer.
- Als Nächstes segnet Gott die Beziehung zwischen Mann und Frau: Er gibt dem Menschen ein Gegenüber (1. Mose 2,18): »Es ist nicht gut, dass der Mensch allein sei; ich will ihm eine Gehilfin machen, die um ihn sei.«
  Menschen sind soziale Wesen, von Beginn an darauf angelegt. Gute Beziehungen machen glücklich.
- Eine weitere Ausgangsbedingung für glückliches Leben: Gott gibt dem Menschen eine Aufgabe, einen Auftrag (1. Mose 1,28): »Und Gott segnete sie und sprach zu ihnen: Seid fruchtbar und mehret euch und füllet die Erde

und machet sie euch untertan und herrschet über die Fische ... Vögel ... Vieh und über alles Getier ...«

- Mit diesem Auftrag sind gute strukturelle Rahmenbedingungen verbunden. Gott setzt den Menschen in einen Garten (1. Mose 2,8), innerhalb dessen der Mensch seine Aufgaben wahrnehmen soll. Solche Rahmenbedingungen wie Sicherheit und Sinn machen glücklich. Wer weiß, wozu er da ist, lebt gelassener und unverkrampfter – ja glücklicher.

- Gott schenkt dem Menschen den Genuss, ja er fordert geradezu dazu auf, sich an all dem Guten, das Gott geschaffen hat, zu freuen. Wörtlich heißt es da: »Und Gott der Herr ließ aufwachsen aus der Erde allerlei Bäume, verlockend anzusehen und gut zu essen« (1. Mose 2,9), und: »Gott der Herr gebot dem Menschen und sprach: Du darfst essen von allen Bäumen im Garten« (1. Mose 2,16) – mit Ausnahme eines einzigen Baumes, nämlich dem Baum der Erkenntnis. Das Genießenkönnen und -dürfen gehört zu den Rahmenbedingungen des Lebens und damit zum Glück dazu.

- Zuletzt setzt Gott einen Ruhetag ein. Der Mensch soll nicht immer nur arbeiten. Der Wert eines Lebens definiert sich nicht allein über die Leistung. Menschen brauchen einen Wechsel zwischen Arbeit und Ruhe. Selbst Gott ruhte am siebten Tag. Sinnvoll gestaltete Rhythmen tragen zum Glück des Lebens bei.

Beziehung, Beschäftigung, Sicherheit, Genuss und Balance – eingebunden in eine dankbare und gelassene Gottesbeziehung – sind Grundbedingungen für gelingendes, glückliches Leben. Wenn diese Rahmenbedingungen aus der Zuordnung zu Gott herausgelöst werden oder wenn sie sogar einen höheren Stellenwert einnehmen als Gott, werden sie zum Selbstzweck. Dann verlieren Beziehungen, Arbeit, Genuss und Ruhe ihren Sinn und sind keine Helfer zum Glück, sondern führen in falsche Gebundenheiten und damit ins Unglück.

Jesus und Glück

Wenn wir im Neuen Testament nach Antworten zum Thema Glück suchen, werden wir sie in der einfachen Aussage finden: Christus ist der Weg zum Glück; ein Leben mit ihm ist spannend und erfüllend, schenkt Sinn, hat ein Ziel.

Jesus hat einmal gesagt: »Ich bin gekommen, damit sie das Leben und volle Genüge haben sollen« (Johannes 10,10). Jesus bezeichnet das Leben mit ihm in Gleichnissen als Schatz oder Perle, als Fest der Freude und Versöhnung.

Glaube als Schatz

Die Bibel berichtet von Menschen, die in Begegnungen mit Jesus tiefstes Glück erleben. Sie werden heil von Verletzungen und Krankheiten: Blinde sehen, Lahme gehen, Schuldige werden freigesprochen. Menschen werden von Jesus in den Stand neuer Würde erhoben. Geachtete und Verhöhnte werden von ihm gesehen und gesegnet.

So hat Jesus schon damals zum Glück der Menschen beigetragen. Die Folge davon: Das erfahrene Glück setzte sie in Bewegung. Sie tanzten, freuten sich, erzählten weiter, was ihnen passiert war. Ihr Herz war voll, der Mund ging über. Sie waren erfüllt von dem Erlebten, sprangen umher und lobten Gott, erzählten anderen Menschen von ihrem großen Glück.

Jesus hat Menschen damals glücklich gemacht – und macht es auch heute noch. Viele Menschen können davon erzählen, wie das Glück in ihr Leben eingekehrt ist, als sie Jesus kennengelernt und zu ihm Ja gesagt haben.

Jesus im Leben ist wie eine Quelle, die ständig sprudelt.

Jesus erzählt auch in Gleichnissen davon, wie Menschen Glück erfahren.

Matthäus 13,44: »Das Himmelreich gleicht einem Schatz, verborgen im Acker, den ein Mensch fand und verbarg; und in seiner Freude ging er hin und verkaufte alles, was er hatte, und kaufte den Acker.«

Wenn ein Mensch Jesus kennenlernt oder entdeckt, dass der Vater im Himmel ihn liebt, dann ist das so, wie wenn jemand einen Schatz oder etwas Verlorenes wiederfindet oder nach Hause zurückkehrt. Danach gibt es ein Fest der Freude. Ein besonders schönes Gleichnis zu diesem Thema finden wir in Lukas 15: die Geschichte vom »verlorenen Sohn«, der aus dem Dreck und der Verzweiflung heimkehren durfte und wieder von seinem Vater angenommen wurde: Welch ein Glück!

Friede

Das tiefste Glück, das Menschen erleben können, wird in der Bibel mit »Schalom« bezeichnet. Das bedeutet: Frieden finden bei Gott und dadurch zufrieden werden, Sicherheit erfahren, mit Gott versöhnt sein. Dieser Friede wird Menschen immer wieder in der Bibel zugesagt: In der Weihnachtsgeschichte sagen die Engel es den Hirten (Lukas 2,14). Jesus sagt es seinen Jüngern nach der Auferstehung (Johannes 20,21.26). »Schalom« bedeutet auch: »Fürchtet euch nicht, habt keine Angst, sorgt euch nicht. Ich bin mit euch und bei euch.«

Die menschliche Sehnsucht nach Glück ist im Tiefsten die Sehnsucht nach dem verlorenen Paradies, nach der ungetrübten Gemeinschaft mit dem Vater im Himmel, die Sehnsucht nach Geborgenheit und Liebe, die Sehnsucht danach, angenommen und gewollt zu sein. Diese Sehnsucht wird in den Armen des Vaters gestillt. Das Glück, das dabei erlebt werden kann, reicht viel weiter, geht viel tiefer als kurzfristige Glückserlebnisse im Leben. David dichtet im Psalm 16,2 (ELB): »Du bist mein Herr, es gibt kein Glück für mich außer dir.«

Du bist mein Herr,
es gibt kein Glück für mich außer dir.

Psalm 16,2

Klare Ziele

Jesus will uns das geben, was wir wirklich brauchen, um zufrieden und glücklich zu sein. Er zeigt aber auch, dass dies nur dann wirklich gelingt, wenn wir in einer festen und liebevollen Beziehung mit ihm stehen. Er will, dass unsere Ziele und Werte von ihm geprägt sind. Er spricht mit seinen

Jüngern über Dinge, die sie so notwendig zum Leben brauchen wie Nahrung und Kleidung, und macht deutlich: Wer sich für mich einsetzt (für das Reich Gottes) und auf dieses Ziel ausgerichtet ist, dem wird alles andere, was er zum Leben braucht, zufallen. Wörtlich heißt es im Matthäusevangelium: »Trachtet zuerst nach dem Reich Gottes und seiner Gerechtigkeit, so wird euch das alles zufallen« (Matthäus 6,33). Alles, was wir zu einem erfüllten Leben brauchen, bekommen wir von Gott als Zugabe, wenn wir in der Hingabe an seinen Willen leben.

Geliebt sein

Wir sind von Gott als sein Gegenüber geschaffen, von ihm gewollt, von ihm begabt und beauftragt, von ihm geliebt. Das tiefste Glück im Leben kommt aus der Beziehung zu Gott. Ich darf mit allem kommen, was mein Leben ausmacht, an Schönem und Schwerem. Gott weiß um alles und kennt mich durch und durch. Jederzeit in Gottes liebende Gegenwart treten können – das ist wahres Glück. Auch all die negativen Dinge meines Lebens, alle Lasten, alle Schuld, alle Dunkelheiten dürfen in seiner Gegenwart ausgesprochen und losgelassen werden – das ist ebenso Glück. Dies kann in der Stille geschehen, im Gebet, aber auch in einem Gottesdienst, in der Gemeinschaft mit anderen Christen. Es gibt keine schöneren Momente im Leben als die, in denen Menschen erfahren: *Ich bin geliebt, ich bin frei von Belastendem, ich bin erlöst, ich werde heil. Gott vergibt Schuld und verbindet meine Wunden. Ich kann immer wieder ganz von vorn anfangen und ich bekomme neue Perspektiven für mein Leben.* Das schenkt Gott, das erfüllt ein Leben wirklich. Das ist Glück.

Wer dieses tiefe Geliebtsein begreift, will mit seinem ganzen Leben Jesus gehören und ihm dienen, sich ihm hingeben: Ja, ich will mit meinem Leben darauf antworten. Ich will meine Gaben einsetzen, will für meinen Vater im Himmel und in der Beziehung zu ihm leben und ihn ehren. Diese Hingabe meint, sich den Herausforderungen zu stellen, die Gott in mein Leben legt, zu den Aufgaben, die er sich für mich erdacht hat, Ja zu sagen und nicht davor fliehen.

Darin gesegnet sein vom Vater im Himmel, das ist Glück.

Glücklich ist,
wer sich von Gott geliebt weiß.

Lieben

Dieses Geliebtsein befreit dazu, andere Menschen, Gott und sich selbst zu lieben. Als Jesus einmal gefragt wurde, was eigentlich das Wichtigste im Leben sei, antwortete er: »Du sollst den Herrn, deinen Gott, lieben von ganzem Herzen, von ganzer Seele, von allen Kräften und von ganzem Gemüt und deinen Nächsten wie dich selbst« (Lukas 10,27).

Die Liebe zu Gott und zum Nächsten und auch das Jasagen zu sich selbst, all das speist sich aus der Liebe Gottes zu uns. Diese drei Seiten (Gott – Ich –Du) sollen in Einklang kommen[23]. Lieben können und geliebt werden – das sind Glückserfahrungen des Lebens, die wir brauchen.

Versöhnen

Zum Glück des Lebens gehört es auch, sich aussöhnen zu können. Nach einem Streit neu anfangen können, um Vergebung bitten und neue Schritte miteinander gehen, ist eine wunderbare Erfahrung. Zur Versöhnung braucht es manchmal einen längeren Weg. Je nachdem, was uns angetan wurde, kann es sein, dass wir auch einen Weg der Trauer und der inneren Heilung brauchen, bevor das Herz zum Vergeben bereit wird. Denn vergeben bedeutet ja nicht, einfach zu vergessen, was passiert ist, oder Verletzungen gutheißen. Vergebung und infolge davon Versöhnung bedeuten, dass Gott den Schmerz heilt, dass wir mit dem Schmerz vor ihn treten und ihm die Wunden hinhalten. Hilfreich kann auch der Gedanke sein, dass Gott sich zwischen uns stellt: *Er steht zwischen mir und dem, der mich verletzt hat*. Seine Barmherzigkeit gilt beiden – Täter und Opfer.

Gott möchte uns auch die Erfahrung schenken, dass ein Leben mit ihm neue Möglichkeiten schenkt, mit schwierigen oder scheinbar ausweglosen Situationen umzugehen.

Menschen, die Mobbing im Beruf oder in der Nachbarschaft erleben, haben mir immer wieder davon erzählt, wie sie Gottes Wirklichkeit als Schutzmantel um ihre Seele erlebt haben. So konnten sie aus einem sicheren Raum der Geborgenheit heraus agieren. Sie wurden aus der Opferfalle, in der sie sich in der unteren Position fühlten und nur noch reagieren konnten, befreit. Aus dieser Schutzposition heraus konnten sie dann gerade die Täter segnen und machten so die Erfahrung, dass die Täter mit ihrem kränkenden Verhalten aufhörten.

Menschen mit schweren Traumata in der Kindheit, die entwürdigende Szenen erlebt haben, haben durch die Zusage von Gottes Ja seine heilende Barmherzigkeit erfahren. Dies ist natürlich ein längerer Weg, der auch der Therapie oder der therapeutischen Seelsorge bedarf. Aber die Erfahrung ist immer wieder ähnlich. Gott gibt die verlorene Würde zurück und heilt die Wunden der Seele. Seine Zusagen stehen den verletzenden Erinnerungen entgegen und haben die Macht, ein Gegengewicht zu den schlimmen Prägungen zu bilden.

So kann nach und nach Versöhnung mit dem Lebensweg möglich werden.

Geben

Jesus macht an verschiedenen Stellen deutliche Aussagen über das Glück – so zum Beispiel: »Geben ist seliger als nehmen« (Apostelgeschichte 20,35)[24]. Es gehört zu den glücklichen Momenten im Leben jedes Menschen, andere glücklich machen zu können. Solche Erfahrungen steigern das Lebensglück mehr, als selbst beschenkt zu werden.

Darum: *Wer glücklich sein will, beschenke andere Menschen.* Solche Geschenke müssen gar nicht materieller Art sein, es kann auch ein freundliches Wort, eine Ermutigung, ein Lächeln, ein wohltuender Blick, ein Dank, ein Lob oder auch ein Witz sein.

Interessanterweise kann man schon an ganz kleinen Kindern beobachten, wie sie sich daran freuen können, jemandem etwas zu schenken und sich an der Freude der Beschenkten zu freuen. Das ist Glück.

Klare Maßstäbe

Jesus hat auch über das Glück gepredigt. Was Jesus in der sogenannten Bergpredigt über das Glück sagt, klingt in manchen Ohren möglicherweise auch recht provokativ. Die sogenannten Seligpreisungen (Matthäus 5–7) könnte man auch »Glücksverheißungen« nennen. Er sagt darin zum Beispiel:

- »*Selig [bzw. glücklich] sind, die da geistlich arm sind; denn ihrer ist das Himmelreich.*« – Gemeint ist damit: Glücklich sind die, die immer wieder ihr Herz für das, was Gott schenken möchte, aufmachen. Also die, die nicht »fertig« sind, sondern offen sind für Neues, das von Gott kommt.
- »*Selig sind, die da Leid tragen; denn sie sollen getröstet werden.*« Leid wird nicht ignoriert. Im Gegenteil, ein Teil des Glücks kommt davon, wie Menschen im Leid getröstet werden und dass sie in schweren Situationen erfahren können, wie Gott ihnen neu und anders begegnet.
- »*Selig sind die Sanftmütigen; denn sie werden das Erdreich besitzen.*« Also die, die nicht ständig ihre Ellenbogen gebrauchen, sind glücklich, denn deren Herrschaft reicht viel weiter als alle äußere Gewalt.
- »*Selig sind, die da hungert und dürstet nach der Gerechtigkeit; denn sie sollen satt werden.*« Menschen sollen sich nicht mit Ungerechtigkeit abfinden, sondern sie dürfen sich nach Veränderung sehnen und dafür auch aktiv werden. Wer sich für eine gute Sache engagiert, der erlebt Glück.
- »*Selig sind die Barmherzigen; denn sie werden Barmherzigkeit erlangen.*« Diese Erfahrung kennen viele: Wer ein warmes und liebendes Herz hat, bekommt ganz viel von dem zurückgeschenkt, was er in andere Menschen investiert. Das macht glücklich.

- »*Selig sind, die reinen Herzens sind; denn sie werden Gott schauen.*« Wer sein Herz nicht durch Lüge, Falschheiten oder auch Ausschweifungen vergiften lässt, der ist glücklich. Ein reines Herz macht frei.
- »*Selig sind die Friedfertigen; denn sie werden Gottes Kinder heißen.*« Wer sich um Frieden in den Beziehungen bemüht, wird immer wieder von der Erfahrung beschenkt, von Gott wie ein Kind angenommen und geliebt zu sein. Friedfertigkeit bedeutet, nach Möglichkeiten Ausschau zu halten, wie Frieden möglich wird und gelingen kann.
- »*Selig sind, die um der Gerechtigkeit willen verfolgt werden; denn ihrer ist das Himmelreich.*« Wer für Gerechtigkeit eintritt, erlebt oft Widerstände, Mobbing oder sogar Verfolgung. Doch Jesus verheißt genau denen das Himmelreich, wo das Glück alles andere bei Weitem übersteigt.
- »*Selig seid ihr, wenn euch die Menschen um meinetwillen schmähen und verfolgen und reden allerlei Übles gegen euch, wenn sie damit lügen. Seid fröhlich und getrost; es wird euch im Himmel reichlich belohnt werden. Denn ebenso haben sie verfolgt die Propheten, die vor euch gewesen sind.*« Wenn Menschen wegen ihres christlichen Glaubens verfolgt, verlacht oder gemobbt werden, brauchen sie sich nicht zu schämen. Sie sind damit in guter Gesellschaft – mit Propheten, Märtyrern und anderen Vorbildern. Und sie machen Erfahrungen, die ihr Leben in einer tiefen Weise beschenken.

Tatjana Goritschewa, die unter dem russischen Sowjetregime viele Verfolgungen der christlichen Gemeinde und viel Unrecht erlitten hatte, konnte nach dem Zusammenbruch der Sowjetunion auch Reisen in westliche Länder machen und berichtete in ihren Vorträgen von den Zeiten der Verfolgung und der neuen Freiheit, die durch die Perestroika[25] in ihr Leben kam. Nach einem solchen Vortrag wurde sie gefragt, welche Zeiten ihr denn lieber seien: die damals unter der Verfolgung oder die heutige in der neuen Freiheit. Ihre Antwort war sehr überraschend. Sie sagte: »*Die Zeiten unter der Verfolgung und Unterdrückung waren mir die lieberen, denn in dieser schweren, unterdrückten Zeit haben wir als Gemeinde viel mehr Wunder erlebt und viele besondere Erfahrungen mit Gott gemacht.*«

Ihre Antwort passt zu der letzten Seligpreisung von Jesus.

Zusammenfassend: Glücklich sind die, die Maßstäbe haben, die über das normale irdische Glück hinausreichen und darum auch weitertragen. Solche Werte geben auch in schwierigen Situationen Halt und einen weiten Horizont. Auf diese Grundlage können wir im Leben bauen und auch schwere Zeiten des Lebens durchstehen.

Glücklich ist, wer sich an den biblischen Maßstäben orientieren kann.

Glücksgeschichten in der Bibel

In der Bibel werden viele Glücksmomente beschrieben. In allen biblischen Büchern finden wir Menschen, die in großer Begeisterung ihrem Glück Ausdruck verleihen: Da wird getanzt, gesungen, erzählt, es wird gejubelt und gedankt. Erfahrenes Glück motiviert oder verändert, schenkt neue Werte und führt zur Umkehr. Einige Beispiele in gekürzter Darstellung:

Adam jubelt, nachdem Eva erschaffen wurde. Die Freude an einem Menschen, der zu einem gehört, ist Glück (1. Mose 2,23). Die Ehe ist ein wunderbares Geschenk Gottes an seine Menschen. Das Glück des Miteinanders entfaltet sich immer wieder neu.

Noah feiert nach der Sintflut einen Dankgottesdienst. Nach einem Jahr in der Arche und ohne festen Boden unter den Füßen ist er erfüllt von Dankbarkeit gegenüber Gott (1. Mose 8,20). Er ist in die Freiheit entlassen, kann wieder frische Luft atmen, die Natur bewundern, viele Schritte gehen, den Boden bearbeiten, die Sonne und den Mond sehen.

Die Zwillingsbrüder Jakob und Esau entzweiten sich, nachdem Jakob seinen Bruder um das Erstgeburtsrecht und den Segen betrogen und auch den Vater hinters Licht geführt hatte. Nach langen Jahren in der Fremde kehrt Jakob heim und versöhnt sich mit seinem Bruder. Beide weinen vor Freude (1. Mose 33). Welch ein Glück, nach einem Streit wieder im Frieden miteinander leben zu können.

Die Menschen aus dem Volk Israel machen die Erfahrung: *Wir sind nicht vergessen. Gott stellt sich auf unsere Seite und führt uns in ein neues Land.* Sie werden aus der Knechtschaft in Ägypten befreit. Dieses Geschehen feiern sie. Sowohl Miriam als auch ihr jüngerer Bruder Mose besingen dieses Wunder mit einem Lied. Singen und Jubeln als Ausdruck des Glücks wird in den beiden Liedern der Geschwister deutlich (2. Mose 15).

Daniel erfährt eine wunderbare Bewahrung. Seine Feinde erreichen es, dass er in eine Grube mit hungrigen Löwen geworfen wird. Horrorvorstellung pur: eine Nacht lang ungeschützt mit wilden Raubtieren zusammen. Doch Gott schickt einen Engel, der ihn bewahrt. Am nächsten Morgen wird Daniel herausgeholt. Was für ein Glück für ihn, aber auch für König Darius, der sich eine Nacht lang vor lauter Sorgen um Daniel schlaflos in seinem Bett wälzte. Als er am nächsten Morgen feststellt, dass Daniel am Leben und völlig unversehrt ist, ist er unglaublich erleichtert und überglücklich (Daniel 6,24). Von da an dient er Gott mit seinem ganzen Leben.

Die Hirten in der Weihnachtsgeschichte erleben einen gigantischen Chor der »himmlischen Heerscharen«. Dieses Erlebnis krempelt sie emotional komplett um. Nachdem sie den neugeborenen Jesus und seine Eltern gesehen haben, erzählen sie allen, denen sie begegnen, von ihrem wunderbaren Erlebnis. Nach der Begegnung mit Gottes Herrlichkeit sind sie voller Staunen, Begeisterung und Glück. Sie preisen und loben Gott (Lukas 2,20).

Ähnlich ging es Simeon im Tempel (Lukas 2,22 f.). Er sieht den kleinen, einige Tage alten Jesus und ist überglücklich. Sein Leben lang hat er auf diesen Moment gewartet. Er wusste von Gott, dass er den Messias sehen würde, bevor er stirbt. Jetzt freut er sich auf das Sterben, auf das immerwährende Sein bei Gott.

Ein Blinder sitzt vor den Toren Jerichos (Lukas 18,35 ff.). Er wird von Jesus geheilt. Danach lobt er Gott, und alle Umstehenden, die das miterlebt hatten, ebenso. Eine komplette Wende seines Lebens findet statt. Vom Dunkel ins Licht, von der Hilflosigkeit zurück ins aktive Leben. Was für ein Glück!

Zachäus war ein reicher Zöllner, aber klein von Gestalt. Er war im Volk verachtet. Als Jesus nach Jericho kommt, stehen die Leute Spalier. Aber Zachäus hat keine Chance, er wird aus der Publikumsreihe gedrängt. Also klettert er auf einen Baum, um von dort aus Jesus sehen zu können.

Als Jesus ihn auf seinem Aussichtsposten hinter den Blättern des Maulbeerbaumes entdeckt, bittet er ihn herunter. Er kommt zu ihm in sein Haus – und damit auch in sein Leben. Das macht Zachäus überglücklich (Lukas 19,6). Er verändert seine bisherige Lebensphilosophie: Er wird vom Ausbeuter zum Geber und Schenkenden. Zachäus gibt den Armen von seinem Reichtum, er zahlt zurück, wo er von Menschen zu viel gefordert hat. Jesus sagt: »*Heute ist diesem Haus Heil widerfahren*« (V. 9).

In einem Gleichnis erzählt Jesus von einer Frau, die einen Groschen verloren hat. Nun muss man dazu wissen, dass die Frauen damals in ihrem Stirnschmuck Münzen eingewoben hatten, die Ausdruck ihres Wertes, ihrer Würde und damit ihrer Identität waren. Vielleicht war die verlorene Münze eine von ihnen. Die Frau macht sich nun auf eine langwierige Suche nach diesem einen Groschen. Als sie ihn findet, ist sie überglücklich und erzählt allen davon. Jesus nimmt dieses Gleichnis als Bild für die Umkehr zu ihm. Er sagt: Wenn Menschen ihre Sünde bekennen und zu Gott umkehren, dann ist das wie die Freude über den wiedergefundenen Groschen. Ein großes Glück (Lukas 15,8-10).

Unglücksgeschichten in der Bibel

Bei den Unglücksgeschichten wird deutlich, was nicht glücklich macht und was im Gegenzug zum Glück beiträgt.

Adam und Eva waren Gottes Geboten gegenüber ungehorsam. Die Folge davon waren Scham, Schuld und Angst vor Gott. Schließlich konnten sie nicht in dem von Gott geschenkten Garten, im Paradies, bleiben, sondern wurden daraus vertrieben (1. Mose 3). Was für ein Unglück.

Kain erschlägt seinen Bruder Abel. Daraufhin wird ihm von Gott die Heimat genommen. Kain empfindet seine Strafe als »zu schwer«, seine Heimatlosigkeit und damit Schutzlosigkeit als untragbar (1. Mose 4,13). Gott zeigt seine Barmherzigkeit darin, dass er Kain mit einem Zeichen schützt (V. 15).

Hagar war die Magd von Sara, der Frau Abrahams, und Mutter von Ismael. Nachdem Sara auch einen Sohn, Isaak, geboren hatte, verstieß sie Hagar. Diese war daraufhin zutiefst unglücklich und verlor allen Lebensmut (1. Mose 21,16). Doch auch hier zeigt sich Gott in seiner Barmherzigkeit. Er will Menschen aus dem Unglück holen. Er schickt einen Engel zu Hagar, der ihr wieder Mut zuspricht und Wegweisung für ihr weiteres Leben gibt.

Jakob war tief unglücklich, nachdem er von seinen Söhnen erfuhr, dass sein Lieblingssohn Josef angeblich von einem wilden Tier getötet worden war (1. Mose 37,34). Er konnte sich seines Lebens nicht mehr freuen. Die Trauer war einfach zu übermächtig. Erst als er im hohen Alter erfuhr, dass Josef Herrscher in Ägypten geworden war und er ihn wiedersehen kann, kehrt wieder Freude und Glück in sein Leben ein (1. Mose 45).

Das Volk Israel wird unzufrieden, als es in der Wüste umherziehen muss. Das Essen ist den Israeliten zu eintönig, und sie begehen einen typischen Rückschaufehler. Sie sagen sinngemäß: *Früher in Ägypten, da war alles besser. Wir hatten genug zu essen, vor allem Brot und Fleisch.* Bei dieser Rückschau vergessen sie die harte Fronarbeit, das Geknechtetwerden durch die Aufseher und die Unfreiheit in Ägypten. Solche falschen Erinnerungen sind ein wesentlicher

Beitrag zum Unglück. Interessanterweise beantwortet Gott das Verhalten des Volkes nicht mit Strafe oder Scheltworten, sondern mit Fleisch und Brot (2. Mose 16)! Gott ist anders, als wir denken, und reagiert anders, als wir es vielleicht würden.

David hatte Ehebruch begangen und den betrogenen Ehemann Uria umbringen lassen. Damit wollte er sein Fehlverhalten vertuschen. Gott schickt Nathan zu David, der ihn mit seiner Schuld konfrontiert. Danach war David unglücklich, zutiefst betrübt (2. Samuel 11–12). Psalm 51 ist aus dieser Situation entstanden. Darin bekennt David seine Schuld und bittet Gott um Vergebung. Diese wird ihm dann auch zugesprochen.

Hiob gilt als die leidgeprüfte Gestalt der Bibel schlechthin. Er verliert alles: zuerst Hab und Gut, dann seine Kinder und zum Schluss noch seine Gesundheit. Auch seine Freunde verstehen ihn nicht mehr und distanzieren sich nach und nach von ihm. Ganz unten angekommen, als er allen Anspruch auf Glück abgegeben hat, kommt er zu der Erkenntnis: »*Ich weiß, dass mein Erlöser lebt*« (Hiob 19,25). Am Ende erlebt Hiob wieder Glück. Ein geprüftes, durch Leid geläutertes Glück, anders als vorher: tiefer, weiser, dankbarer, nicht mehr selbstverständlich.

Judas, der Jesus verriet, war so unglücklich über die Konsequenzen seines Verhaltens, dass er sich schließlich das Leben nahm (Matthäus 27,3-10). Statt in der Gemeinschaft mit Jesus zu bleiben, stellte er sich bewusst außerhalb, auf die Seite der Feinde von Jesus. Das wurde ihm zum Verhängnis. Er schloss sich damit vom Glück aus.

Petrus war nach dem dreimaligen Verrat an Jesus unglücklich. Er ging hinaus und weinte bitterlich. Er fühlte sich schuldig und würdelos. Nach der Auferstehung von

Jesus »rehabilitiert« Jesus ihn. Nach dem dreimaligen Verrat stellt Jesus ihm dreimal die Frage nach seiner Liebe zu ihm. Er setzt dem schlimmen Erlebnis und der Scham ein positives Gegengewicht, indem er ihn trotz allem wieder neu beauftragt (Johannes 21).

Die genannten Geschichten über Glück und Unglück in der Bibel sind Beispiele für viele weitere Berichte. An all diesen Erzählungen wird deutlich: Gott möchte Menschen nicht im Unglück lassen, sondern aus den bitteren, bedrückenden oder Angst machenden Erfahrungen herausführen. Aber er benützt das Unglück auch, um uns Wesentliches zu zeigen, um uns Weisheit, Demut und Dankbarkeit zu schenken oder auch, um uns wachzurütteln und uns von falschen Wegen zurückzuholen.

GLÜCK UND GEMEINSCHAFT

Der Mensch braucht Beziehungen. In Beziehungen können wir uns entfalten und entwickeln, fühlen uns sicher und wertgeschätzt, ja vielleicht sogar geliebt. Das ist Glück. Wir können Aufgaben miteinander bewältigen. Gemeinsames Arbeiten oder miteinander Diskutieren bringt Ideen und Anregungen in das eigene Leben, regt die Gedanken und Gefühle an, verhindert die Langeweile.

Beziehungen verändern unser Leben und schenken uns neue Werte und Einstellungen. Das fordert uns heraus und lässt uns persönlich wachsen und reifen.

Sozialwissenschaftliche Untersuchungen[26] machen deutlich: Menschen, die viel mit anderen zusammen sind, sind glücklicher als einsame Menschen. Die Gemeinschaft mit anderen hat einen gesundheitsstabilisierenden Faktor. Menschen mit guten Beziehungen haben weniger Stresshormone in ihrem Blutspiegel und sind deswegen insgesamt entspannter. »Menschen, die keine Kontakte zur Nachbarschaft haben, leiden gewöhnlich unter ›sozialer Depression‹ und weisen weniger Serotonin, ein natürliches Antidepressivum, im Blut auf.«[27]

Einsamkeit bedeutet sowohl für die Seele als auch für den Körper eine Belastung. Alleinlebende sind doppelt bis vierfach häufiger krank als Menschen die in gelingenden Beziehungen leben.[28]

Ausgeschlossen werden aus Gemeinschaften wie zum Beispiel Ausweisung aus der Stadt, kam früher einer Todesstrafe gleich. Jeder fühlt sich ein Stück lebendiger, wenn er von Menschen umgeben ist.[29] Bis heute ist das so: Mobbing oder Missachtung, nicht eingeladen sein, nur von der Ferne zuschauen dürfen, sind Kränkungen und können infolge dessen krank machen.

Soziale Kontakte beeinflussen »die Lebenserwartung mindestens so stark wie Rauchen, Bluthochdruck, Übergewicht oder regelmäßiger Sport«[30].

Interessanterweise sind die heutigen Forschungsergebnisse deckungsgleich mit den Grundbedingungen, die Gott dem Menschen für ein gelingendes und damit auch für ein glückliches Leben geschaffen hat.

»Es ist nicht gut, dass der Mensch allein sei«, sagt Gott in der Schöpfungsgeschichte (1. Mose 2,18). Wir sind als Gemeinschaftswesen geschaffen. Darum leben wir gerne in größeren Netzwerken: in einer Familie oder einer Wohngemeinschaft, in der Ehe, in verwandtschaftlichen Bezügen oder in einer Gemeinde. Wer in sozialen Bezügen dazu noch gut vernetzt ist, wird es bestätigen: Freunde, gute Beziehungen machen glücklich.

Dies gilt aber nur dann, wenn diese Beziehungen auch zufriedenstellend sind. Sobald wir in einem ständigen Streit oder Konflikt mit anderen Menschen leben, sind wir glücklicher, wenn wir allein sein können.

Konflikträchtige Beziehungen machen auf Dauer krank und unzufrieden.[31]

Gefährdet sind Beziehungen dann, wenn Menschen zu hohe Erwartungen aneinander haben: *Der oder die andere muss mich glücklich machen und alle meine ungestillten Bedürfnisse erfüllen.* Je höher die Erwartung, desto größer die Enttäuschung. Niemand kann für einen anderen Menschen sozusagen alles sein: alle Bedürfnisse erfüllen, alle Frustrationen auffangen, die innere Einsamkeit wegnehmen, das Lebensglück garantieren.

Gerade in der Zeit der Postmoderne, in der uns das Internet wie ein großer Warenhauskatalog die Perfektion in jedem Lebensbereich vorgaukelt, sind auch die Erwartungen im Blick auf Beziehungen immens hoch. Der ideale Partner muss alle Voraussetzungen erfüllen: angefangen vom Aussehen, über den Spaßfaktor und die Verständnisbereitschaft, bis hin zur absoluten Treue oder gar Unterwerfung unter die Wünsche des Partners.

Doch auf diese Weise machen wir den anderen oder uns selbst zum Götzen. Ganz schnell missbrauchen wir auf diese Weise Beziehungen zur egoistischen Bedürfnisbefriedigung und zur Perfektionierung des eigenen Lebensentwurfes.

Gute Beziehungen zeigen sich darin, dass sie die Andersartigkeit des anderen und auch Konflikte aushalten können. Optimal ist es, wenn wir Beziehungen oder Gemeinschaften als Orte erleben, in denen wir Wertschätzung erfahren und uns sicher aufgehoben wissen. Zu guten Beziehungen gehört auch die Offenheit für gegenseitige Korrektur. Denn dann können Beziehungen auch dazu beitragen, dass sie uns positiv verändern. Durch die Andersartigkeit der anderen können wir hinzulernen und davon profitieren. Wir müssen nicht immer eigene Ziele durchsetzen, sondern lernen, auch um der anderen willen zu verzichten und zu Kompromissen bereit zu werden.

Martin Buber wird der Ausspruch zugeschrieben: »*Jeder Mensch hält Ausschau nach einem Menschen, der ihm das Ja des Seindürfens zuspricht.*«[32]

Am Gegenüber werden wir zum Du. Mit anderen zusammen können wir uns entfalten. Unsere Mitmenschen können uns auch in Krisen des Lebens helfen. Wenn Leid einbricht oder Schwermut, wenn Ziellosigkeit oder Ratlosigkeit da ist, ist es gut, wenn man Mitmenschen hat, die einen stützen und wieder auf ein gutes Gleis zurückbringen.

Eine Gemeinschaft von Menschen, die uns in schweren Zeiten zur Seite stehen, mitleiden, mitschweigen oder auch im Gebet mittragen, ist ein großer Schatz im Leben.

Doch gelingende Beziehungen fallen uns nicht in den Schoß. Sie brauchen Pflege wie ein Garten – und manchmal macht das auch Arbeit. Das bedeutet: Wir müssen auch Zeit und Kraft, Ideen und Interesse, Fantasie und Liebe investieren, damit Beziehungen gut werden oder bleiben.

Kennzeichen guter Beziehungen

Was macht gelingende Beziehungen aus? Wie gestalten sich diese?

Vertrauen und Verlässlichkeit

Wer vertrauen kann und auch selbst vertrauenswürdig ist, der hat schon viele Glückselemente im Leben. Gute Beziehungen zeichnen sich dadurch aus, dass sie von Vertrauen getragen sind. Das ist am ehesten gegeben, wenn Menschen auch zu ihren Schwächen oder Fehlern stehen können.

Ein Mann erzählte: »Unser Arbeitsteam hatte in der Firma einen schweren Fehler begangen, der auch negative finanzielle Konsequenzen hatte. Der Chef war wütend und sagte, er werde den Schuldigen ausfindig machen und mit aller Härte bestrafen. Daraufhin sagte ich: ›Das brauchen Sie nicht. Ich bin der Schuldige. Mich müssen Sie bestrafen.‹ Von da an hatte der Chef absolutes Vertrauen in mich. Nie mehr kontrollierte er uns. Er wusste: Er kann sich auf mich verlassen.«

Vertrauenswürdigkeit und Ehrlichkeit hängen eng miteinander zusammen. Darum sind Ehrlichkeit und auch Bereitschaft zur Vergebung eine wichtige Basis für gute Beziehungen.

Echtheit

Jeder Mensch hat gute und schlechte Seiten. Ein Kennzeichen von guten Beziehungen ist, dass wir sein können, wie wir sind – auch mit unseren Schwächen –, ohne Angst davor haben zu müssen, dass die Echtheit missbraucht und gegen uns verwendet wird. Dies setzt einerseits den Mut voraus, zu Schwachseiten und Unzulänglichkeiten zu stehen, und andererseits auch den Mitmenschen zuzugestehen, dass sie nicht perfekt sind. Echtheit ist die Basis für gegenseitige Wertschätzung.

Anerkennung und Wertschätzung

Menschen brauchen Anerkennung und Wertschätzung. Die eigene Persönlichkeit entwickelt sich, wenn Menschen ihre Kompetenzen entdecken und gestalten können. Gute Beziehungen haben daran einen wichtigen Anteil. Durch Rückmeldungen von anderen gewinnen wir mehr Sicherheit und erkennen so mehr und mehr, was wir gut können, was eher nicht und wo noch Entwicklungsmöglichkeiten sind. Wenn unsere Mitmenschen sich mit uns an unseren Gaben und Fähigkeiten freuen, dann baut das auf. Zudem schützt es auch davor, in die Falle von Neid und Minderwertigkeit zu tappen. Wer um die eigenen Stärken weiß und dafür dankbar ist, kann auch anderen helfen, ihre Gaben und Kompetenzen zu entdecken und zu entfalten.

Würde

Wer sich seiner Würde bewusst ist, kann auch anderen Menschen mit Würde begegnen. Die Grundwürde, die jeder Mensch hat, wurzelt in der Gottebenbildlichkeit. Jeder Mensch ist von Gott gerufen, geschaffen, geliebt und berufen. Wenn unser Miteinander auf dieser Basis steht, dann hat Verächtlichkeit, Gemeinheit, Hinterlist oder Rache keinen Platz mehr.

Zur Würde gehört ein gewisses Maß an Freiheit, das Menschen einander zugestehen. Eine Beziehung ist dann gut, wenn darin weder Zwang oder Druck noch Kontrolle herrschen. Machtausübung oder im Gegenzug Unterwerfung unter andere Menschen widerspricht unserer Würde.

Unterscheidung zwischen Sache und Person

In Beziehungen gibt es Konflikte. Menschen haben unterschiedliche Bedürfnisse und Erwartungen. Sehr hilfreich ist es darum, wenn wir in solchen Situationen zwischen dem Menschen in seiner Würde und dem, was er tut, unterscheiden können. Man kann auch sagen: unterscheiden zwischen Tun und Sein. Oder anders ausgedrückt: zwischen Sache und Person unterscheiden. So macht es Gott mit uns: Er liebt den Sünder und hasst die Sünde. Welch großartige Voraussetzung für eine gute Konfliktlösung. Wenn wir kritisieren müssen, dann immer so, dass der andere die Achtung vor sich selbst nicht verliert und wir ihm die Würde nicht absprechen.

Vergebung und Versöhnung

Beziehungen brauchen manchmal auch einen Neuanfang. Wo Menschen miteinander leben, gibt es oft Missverständnisse, Verletzungen und Schuld. Aber Auseinandersetzungen und Streit müssen nicht das Ende sein. Weil Christus für unsere Schuld gestorben ist und auch für die Verletzungen, die uns andere zugefügt haben (Jesaja 53,4-5), gibt es immer eine Chance zum Neubeginn. Dies darf jeder Mensch für sich in Anspruch nehmen. Diese Wahrheit hilft uns zu Vergebung und Versöhnung. Versöhnt leben können, trägt entscheidend zum Glück im Leben bei.

Liebe

In der Bibel werden wir zur Liebe aufgerufen – und zwar nicht nur den Menschen gegenüber, die es gut mit uns meinen, sondern auch gegenüber den Feinden[33]. Wie soll das gehen? Oder was ist da mit Liebe gemeint? Liebe – so wie sie die Bibel versteht – meint hier nicht zuerst ein emotional warmes Gefühl, sondern die Entscheidung, den anderen Menschen in den Liebesbereich Gottes hineinzustellen. Darum können wir nur dann lieben – eben gerade auch die schwierigen Menschen –, wenn wir selbst Empfänger der großen, alle Menschen umfassenden Liebe Gottes sind. Im Bild gesprochen: Unser Leben ist wie eine Brunnenschale, die aus den Quellen der Liebe Gottes gefüllt wird. Wenn sie voll ist, fließt sie über. Je mehr unser eigenes Leben von der Liebe Gottes erfüllt ist, desto mehr kann diese Liebe auch zu anderen Menschen fließen. Jede Beziehung kann sich unter diesen Zufluss der Liebe Gottes stellen und daraus für das Miteinander schöpfen. Anders ausgedrückt: Wie Gott mir, so ich dir.

Zusammenfassung

In den vorangegangenen Abschnitten wurde deutlich: Gute Beziehungen brauchen als Voraussetzung auch eine gute Selbstbeziehung. Nur wer bei sich selbst gern zu Hause ist, ist auch zu gelingenden Beziehungen fähig. Und nur wer auch selbst in Beziehungen investiert und sich selbst einbringt, erlebt befriedigende Beziehungen und darin dann auch Glück.

Wer sich Veränderung in Beziehungen wünscht, der sollte bei sich selbst anfangen. Paartherapeut Michael Lukas

Moeller bringt es treffend auf den Punkt: »Jeder Impuls, den Partner umzugestalten, ist vergeudete Energie. Eine Paarbeziehung entwickelt sich so gut wie ausschließlich durch die Selbstentwicklung der beiden Partner.«[34] Dies gilt nicht nur für Paarbeziehungen, sondern für jede Art von Beziehung, sei es in Nachbarschaften, im Berufsumfeld oder im Freizeitbereich, im Ehrenamt oder in der Verwandtschaft.

Bei manchen Beziehungen lohnt es, sich intensiv zu engagieren, bei anderen muss es nicht unbedingt sein. Wir können nicht mit allen Menschen eine Freundschaft pflegen, aber es ist gut, wenn wir die Grundwürde der anderen nicht verletzen.

Die Bibel formuliert es so: »*Ist's möglich, soviel an euch liegt, so habt mit allen Menschen Frieden*« (Römer 12,18).

Glücklich ist,
wer in gelingenden Beziehungen leben kann.

GLÜCK UND AUFGABEN

Zu einem zufriedenen, ja glücklichen Leben gehören erfüllende Aufgaben und vor allem Sinn. Jeder Mensch will sich mit seinen Fähigkeiten einbringen, sich in Aufgaben entfalten und darin »Selbstwirksamkeit«, Erfolg und Sinn erleben. Wer die Erfahrung macht, dass er mit seinen Gaben etwas Nützliches tun und seine Stärken einsetzen kann, gewinnt dabei Selbstvertrauen und Selbstsicherheit. Interessanterweise ist es genau das, was Gott sich bei der Erschaffung der Welt für die Menschen ausgedacht hat. Von Anfang an bekommt der Mensch eine Aufgabe: »*Seid fruchtbar und mehrt euch und füllet die Erde und machet sie euch untertan*« (1. Mose 1,28). Er will nicht, dass Menschen sich nutzlos fühlen, sondern dass sie ihre Berufung und darin Sinn entdecken. Auch das wissen die Glücksforscher längst: Eine erfüllende Aufgabe gehört zu einem glücklichen Leben dazu.

Glück durch erfüllende Aufgaben entsteht in dem Maß, in dem Menschen mit Hingabe in einer Aufgabe engagiert sind. Wenn Menschen die größeren Sinnzusammenhänge entdecken, in denen ihr Leben steht, kann auch eine schwierige oder anstrengende Arbeit mit vielen persönlichen Glückserfahrungen verbunden sein. Der tiefste Sinnzusammenhang lautet nach biblischem Verständnis: *Ich bin auf dieser Erde, um mit meinem ganzen Sein, mit meinen Begabungen und Stärken, mit meinen Fähigkeiten, mit Zeit, Geld und Kraft Gott zu ehren.* Das ist die tiefste Berufung, die über jedem Leben gilt. Nachzulesen zum Beispiel in 1. Korinther 10,31: »*... was ihr auch tut, das tut alles zu Gottes Ehre.*« Oder in Kolosser 3,17: »*Und alles, was ihr tut mit Worten oder mit Werken, das tut alles im Namen des Herrn Jesus und dankt Gott, dem Vater, durch ihn.*«

Nicht Selbstverwirklichung oder Selbstdarstellung macht unser Leben glücklich, sondern Gottesverwirklichung. Das bedeutet: Gott soll sich in unserem Leben darstellen können. In dem, wie wir leben, soll sich zeigen, wie Gott ist: wie er *zu* uns ist, wie er *in* uns ist, wie er *durch* uns ist. Die Gaben, die wir von ihm bekommen haben, sollen sich entfalten können.

Das Empfangene liebend an andere weitergeben, voller Engagement, Hingabe und mit ganzem Einsatz – das macht glücklich.

Jeder Mensch – egal in welcher Situation – ist von Gott berufen, unter diesem Vorzeichen sein Leben mit den Gaben, die Gott gegeben hat, zu gestalten und zu entfalten. Wenn dieser Sinn unser Leben erfüllt, dann kann alles, was wir tun, davon umfasst oder erfüllt sein.

Glücklich ist, wer die von Gott gegebenen Gaben entfaltet und Gott dadurch ehrt.

Das Glück im Tun kann sich in allen Bereichen unseres Lebens entfalten, sei es im Beruf oder in der Hausarbeit, in der Freizeit und Hobbygestaltung oder im Ehrenamt.

Flow

Glücksforscher weisen immer wieder auf den Zusammenhang von Aktivitäten und Glück hin. Jeder Mensch braucht eine oder mehrere wirklich befriedigende Tätigkeiten – egal ob im Beruf, in einem Hobby, in der Familie oder im Ehrenamt. Bei solchen Tätigkeiten können Menschen in einen Zustand geraten, bei dem Fühlen, Wollen und Denken im Einklang stehen und in dem Zeit und Raum vergessen werden. Solche außergewöhnlichen Momente werden auch »Flow-Erlebnisse« genannt, Momente des Fließens, des mühelosen Handelns.

Mihaly Csikszentmihalyi beschreibt die Kennzeichen von Flow-Momenten so:

- Wir sind völlig auf etwas konzentriert, wir lassen uns nicht ablenken, unsere Aufmerksamkeit ist völlig auf die Tätigkeit gerichtet. Manche Menschen vergessen in solchen Zuständen zu essen, zu trinken, zu schlafen oder die Toilette zu benutzen.
- Die Aufgabe ist herausfordernd und erfordert Geschick und Konzentration.
- Die Ziele sind eindeutig und mit unseren Fähigkeiten und Begabungen auch zu erreichen. Wir sind also weder über- noch unterfordert.

- Wir erleben ein Gefühl der Stärke und der Kontrolle – wir sind »Herr des Geschehens«.
- Wir bekommen sofort ein Feedback. Was wir tun, hat unmittelbare Auswirkungen: entweder auf das eigene Körpergefühl oder auch auf die Materie, mit der wir uns beschäftigen.
- Das Zeitgefühl weicht vom normalen Empfinden ab: Stunden scheinen in Minuten zu vergehen, und umgekehrt können Minuten wie Stunden erlebt werden.
- Im Rückblick – manchmal auch schon währenddessen – haben wir ein Hochgefühl und erleben Dankbarkeit. Im Nachhinein sind wir glücklich.[35]
- Flow kann man sowohl bei körperlicher Anstrengung erleben als auch in ganz stillen Momenten.

Glücksforscher sagen, dass Aktivitäten, die Flow erzeugen können, meistens anspruchsvoller und schwieriger seien als einfache Tätigkeiten. Manche solcher flowfördernden Aktivitäten lösen bisweilen auch Angstzustände aus[36], weil dabei etwas riskiert werden muss: zum Beispiel beim Bergsteigen, Tauchen, bei Höhlenerforschungen oder anderen gefährlichen Aktivitäten.

Die Erfahrung, völlig in etwas aufzugehen und dabei Glück zu erleben, gibt es auch bei der Verwirklichung eines komplizierten Projektes oder in einer komplexen beruflichen Herausforderung. Voraussetzung dabei ist aber immer, dass sich nicht dauerhaft ein Gefühl von Überforderung einstellt.

Sportler erleben solche Flow-Erlebnisse oft gerade dann, wenn sie an ihre Grenze gehen.

Jens erzählt: »Manchmal steige ich aus meinem anstrengenden und belastenden Berufsalltag aus. Ich nehme meine

Joggingschuhe und laufe. Mit der Zeit kann ich alles hinter mir lassen, ich gerate in einen Zustand des inneren Fließens und freue mich einfach. Wenn ich dann am Ziel bin, ist es mir, als erwache ich aus einem Traum.«

Oder Julia: »Wenn ich Orgel spielen kann, dann überflutet mich eine Welle von Glück. Schon wenn ich auf der Orgelbank Platz nehme und die Orgel anschalte, gerate ich in einen Zustand des Highgefühls. Beim Spielen vergesse ich alles um mich herum. Hinterher wundere ich mich, wie viel Zeit vergangen ist. Doch beim Spielen ist das alles unwichtig. Die Töne klingen hinterher noch lange in mir nach und das Glück über das Erlebte ist überwältigend.«

Die Glückserfahrungen bei Anstrengungen hängen unter anderem damit zusammen, dass beim Sport und in anderen herausfordernden Tätigkeiten Glückshormone freigesetzt werden, die sogenannten Endorphine, die der Körper gerade unter Belastungen, bei Schmerzen oder in Anstrengungen freisetzt.

»Bewegung hebt die Laune auf vielfache Weise. Rühren sich die Muskeln, schüttet das Gehirn vermehrt Hormone wie Serotonin und … Endorphine aus, die leicht Euphorie hervorrufen können.«[37]

Interessant ist in diesem Zusammenhang das Märchen von Frau Holle. Darin werden typische Flow-Situationen erzählt. Zwei Halbschwestern spielen darin eine Rolle, die am Ende als Glücksmarie und Pechmarie bezeichnet werden.

Die Glücksmarie hatte objektiv betrachtet kein schönes Leben, sie wurde unterdrückt und bis an die Grenze menschlicher Würde gedemütigt. Sie kommt auf sehr schmerzlichem Weg (blutende Finger und Sturz in einen

Brunnen) ins Reich der Frau Holle. Sofort beginnen die Herausforderungen: Brote wollen aus dem Backhäuschen herausgeholt werden, verbunden mit schweißtreibender körperlicher Arbeit. Als Nächstes will ein Apfelbaum geerntet werden. Alle Äpfel sind miteinander reif geworden – was für ein langwieriger, anstrengender Einsatz!

Schließlich soll sie bei Frau Holle die schweren Federbetten ausschütteln, damit es auf der Erde schneit. Überall bringt Glücksmarie sich nun ganz ein, auch mit ihren Ideen und aller Kraft und Zeit. Sie arbeitet hart, aber hingebungsvoll. Sie erlebt in der Hingabe an die Arbeit »Flow«, Erfüllung. Am Ende ist sie glücklich. Dies kommt dann auch in dem Schlussgeschenk der Frau Holle zum Ausdruck: Sie wird mit Gold, dem Sinnbild für Glück, überschüttet.

Die Pechmarie dagegen war eine verwöhnte Tochter: Sie wurde mit allem Nötigen versorgt, musste nie arbeiten. Als ihre Halbschwester mit Gold überschüttet, überglücklich nach Hause kommt, möchte sie dasselbe erleben. Sie umgeht den schmerzlichen Einstieg ins Reich der Frau Holle und verweigert jede Arbeit. Weder beim Brot noch beim Apfelbaum und erst recht nicht beim Bettenschütteln zeigt sie Einsatz. Sie bleibt faul, wie schon zuvor zu Hause. Am Ende ist und bleibt sie unglücklich. Beim Durchschreiten des Ausgangstores wird sie mit Pech, dem Sinnbild für Unglück, überschüttet. »Die Pechmarie ist wieder hie«, heißt es bei ihrer Heimkehr.

Ein Märchen mit viel Weisheit. In der Hingabe an eine Aufgabe, im vollen Einsatz entsteht Glück. Auch und gerade die manchmal mühevollen Aufgaben bringen – spätestens im Rückblick – eine große Zufriedenheit mit sich. Wer sich der Hingabe verweigert, hat zwar weniger Anstrengung, aber damit auch weniger Glückserfahrungen.

Flow kann aber auch in anderen Momenten – in körperlich nicht fordernden Aufgaben – entstehen: Es gibt Fotografen, die sitzen zwei Tage lang an derselben Stelle, um genau den passenden Moment, die günstigste Lichteinwirkung und das richtige Maß an Feuchtigkeit zu erleben, um die ideale Aufnahme zu machen. Dabei erleben sie Flow.

Oder Angler: Sie können stundenlang auf einem Fleck sitzen – sie warten, bewegen sich kaum –, aber hinterher sind sie völlig entspannt und glücklich.

Schachspieler können viele Stunden bei einem Spiel verbringen. Sie bewegen sich nur dann, wenn sie die Figur bewegen, aber sie sind völlig konzentriert auf eine einzige Sache und erleben dabei Flow.

Also nicht nur durch körperliche Anstrengung entsteht Flow, sondern am meisten durch die Hingabe an eine Sache.

Mihaly Csikszentmihalyi, Glücksforscher, erzählt über seinen Halbbruder, einen Hobbymineralogen: Kurz nach dem Frühstück begann dieser, einen Kristall unter einem sehr starken Mikroskop zu untersuchen. Etwas später fiel ihm auf, dass es schwieriger wurde, die innere Struktur zu erkennen, und er dachte, es habe sich eine Wolke vor die Sonne geschoben. Als er aufblickte, merkte er, dass die Sonne bereits untergegangen war.[38]

Andere erzählen von Flow-Momenten im stillen Genießen: bei einem Konzert, bei einem Kaffee in 3 000 Meter Höhe mit Blick auf die Berge, bei einem Sonnenuntergang am Meer, beim Lesen eines guten Buches, beim Sitzen am Kamin mit Musik oder bei einem guten Gespräch. Und natürlich auch in der Stille vor Gott, im Gebet, in der Meditation. Das sind dann oft Erfahrungen des tiefen Ergriffenseins, des Begreifens und Verstehens, wer Gott für mich ist und wer ich für ihn bin. Solche Erfahrungen sind bezüglich des Glücksfaktors kaum zu toppen (mehr dazu auf S. 93).

Wenn also die Erfahrung, sich an eine Aufgabe hinzugeben und mit Leidenschaft etwas zu tun, glücklich macht, wird im Gegenzug auch deutlich, warum manche Menschen mit ihren Aufgaben – egal ob nun im Beruf oder in der Freizeit, in der Hausarbeit oder im Hobby – nicht glücklich sind.

Unzufriedenheit geht häufig mit Unterforderung oder Überforderung einher; sie wächst auch dann, wenn die Begabungen nicht im Einklang mit den Anforderungen der jeweiligen Arbeit sind. Manch einer, der in seiner Arbeit nicht glücklich ist, sollte sich vielleicht fragen, ob die Arbeit, die er tut, wirklich zu ihm passt.

Arbeit und Freizeit

Manche Menschen definieren Arbeit als grundsätzlich anstrengend und nur Freizeit als erholsam. Aus diesem Denkmuster heraus verweigern manche Menschen spannende und darum auch sinnstiftende Herausforderungen. Sie meinen, sie seien glücklicher, wenn sie weniger Arbeit und mehr freie Zeit hätten. Dadurch entsteht ein Wertigkeitsgefälle zwischen Arbeit und Freizeit: Arbeit ist unwert, Freizeit ist wertvoll. Auch dadurch entsteht Unzufriedenheit.

Dieses Denken finden wir schon bei den alten Römern: Bei ihnen galt als glücklich, wer keine »labor« hatte. Das lateinische Wort »labor« bedeutet »Arbeit, Mühe, Mühsal«. Sklaven und »niederes Volk« hatten zu arbeiten. Als glücklich galt, wer sich ganz der Politik, Philosophie und Kunst hingeben konnte. Anders im Mittelalter und in der beginnenden Neuzeit: Der Beruf machte den Stand aus, gab Ansehen und Identität. Menschen jobbten nicht nur, um Geld zu verdienen. Sie arbeiteten nicht nur »als …«, sondern »waren« Bäcker, Bauern, Lehrer und so weiter. Dies galt in der Regel von der Lehre bis zum Ruhestand oder Tod. Ihr Beruf bestimmte ihr Ansehen, ihre Identität, ihren »Stand« in der Gesellschaft. Er gab ihnen Sinn und dem Leben Struktur. Auch heute noch gibt es Berufe, die das Leben ganzheitlich prägen: zum Beispiel selbstständige Handwerker, freischaffende Architekten oder Künstler, Geschäftsleute, Landwirte, Bürgermeister oder Pfarrer. Bei Menschen solcher Berufe sind Arbeit und Freizeit kaum voneinander zu trennen. Oft wird dies aber nicht als Unglück empfunden – im Gegenteil. Viele dieser Berufstätigen gehen in ihrer Arbeit auf, empfinden sie als wichtig und sinnstiftend. Sie sind darin glücklich. Sie werden auf die Frage, wo ihr Platz im Leben ist, zuerst an ihren Beruf denken, den sie als ihre Berufung erleben. Hier finden sie ihre Identität.[39]

Besonders seit der Industrialisierung im 19. Jahrhundert klaffen aber für viele Berufstätige Arbeit und Sinnstiftung auseinander, sie »entfremden« sich. Die Arbeitenden verrichten ihre Tätigkeit vor allem, um Geld zu verdienen. Dann liegt bald der Gedanke nahe: *»Freizeit ist gut, Arbeit ist schlecht.«* Laut dieser Definition entstehen damit zwei Welten: die schlechte Welt des Berufs und die gute Welt der freien Zeit. Darum bemühen sich gute Firmen seit Langem, dass bei ihnen Arbeit als etwas Sinnvolles erfahren wird, dass Unternehmensziele formuliert und (mit-)geteilt werden, um dann auch Erfolge gemeinsam messen und würdigen zu können.

Dahinter steht die Einsicht: Nicht die vorrangige Fixierung auf die Freizeit macht Menschen glücklich, sondern das Wirken in Betätigungsfeldern, denen sie sich hingeben und in die sie sich ganz hineingeben können. Also Aufgaben und Herausforderungen, die sie ganz ausfüllen und in denen sie sich mit ihren Gaben einbringen können. Solche Aufgaben geben dem Leben Sinn.

Menschen, die ihren Fähigkeiten entsprechend herausgefordert werden, sind in der Regel glücklicher als solche, die nichts tun können oder dürfen. Arbeitslose können weder sich noch anderen zeigen, was in ihnen steckt, und können darum seltener einen sinnvollen Beitrag für das Miteinander einer Gesellschaft erbringen. Das ruft ein Gefühl der Wertlosigkeit hervor und macht unzufrieden.

Von einer interessanten Langzeitstudie berichtet der Glücksforscher Stefan Klein[40]. In dem Dorf Marienthal, südlich von Wien, gab es nahezu Vollbeschäftigung, was sich auf das Sozialleben und vor allem auf das Wohlbefinden der Dorfbewohner auswirkte. 1929 geriet durch die Weltwirtschaftskrise auch die Textilfabrik, die vielen Menschen Arbeit und Lohn gab, in finanzielle Schwierigkeiten. Von da an ging es mit dem ganzen Dorf bergab. Obwohl die Menschen durch Arbeitslosenunterstützung abgesichert waren, breitete sich das Gefühl der Nutzlosigkeit und Wertlosigkeit in alle Bereiche hinein aus. Die zuvor stolzen Arbeiter fühlten sich wertlos und resignierten. Sie vernachlässigten den Park, den sie früher selbst gepflegt hatten. Obwohl sie genug Zeit gehabt hätten, sich darum zu kümmern, sahen sie darin keinen inneren Sinn mehr. Die Ausleihzahlen in der Bibliothek gingen ebenso zurück wie die Zeitungsabonnements. Ein Gefühl der Passivität und Energielosigkeit breitete sich aus. Gut dokumentiert wurde dieser Wandel im Lebensgefühl der Menschen durch Marie Jahoda und Paul Lazarsfeld[41].

Auch wenn wir heute in einer anderen Zeit leben: Die Problematik der Arbeitslosigkeit und das damit verbundene Gefühl der Sinnlosigkeit ist ein Hinderungsfaktor für das Glück. Die oben genannte Studie verdeutlicht auch, warum sich zum Beispiel Hartz-IV-Empfänger manchmal schwer motivieren lassen. Es fehlt der Sinn im Alltagsablauf. Wenn keine Erwartungen an einen gerichtet werden, wenn keine Aufgabe, die Freude macht, vor Augen steht, dann fällt ja schon das Aufstehen oft schwer. Wozu auch?

Eine Frau, die für längere Zeit krankgeschrieben war, erzählt: »Jetzt musste ich meinem Alltag selbst Sinn geben. Vorher wurde mir vom Arbeitgeber beziehungsweise von den anstehenden Projekten vorgegeben, was zu tun war. Jetzt war ich selbst für die Gestaltung meines Tagesablaufes zuständig. Ich spürte deutlich die Gefahr, in eine gewisse Lethargie und Trägheit hineinzurutschen. Deswegen versuchte ich, mir am Anfang selbst Aufgaben zu geben und damit meinen Alltag zu strukturieren.«

Ganz ähnlich geht es manchmal Menschen, die frisch im Ruhestand sind. Es dauert eine gewisse Zeit, bis man sich an die neue Art des Lebens gewöhnt. Von außen sind weniger Erwartungen da, nichts, das einen zwingt oder fordert. Selbst Menschen, die reich genug wären, um ihre Zeit mit Nichtstun zu verbringen, arbeiten in aller Regel doch weiter. Denn ein Mensch braucht Sinn, er braucht Aufgaben und Tätigkeiten. Es ist schöner, sich um etwas zu bemühen, als sich versorgen zu lassen.

Unzufriedenheit

Aber was nun, wenn es Aufgaben gibt, die wir zwingend tun müssen, die aber langweilig sind? Was tun, wenn wir in schwierige, unterfordernde oder überfordernde Arbeitsabläufe eingebunden sind und diesen nicht entfliehen können? Dies ist zum Beispiel bei emotional schwierigen Arbeitsverhältnissen der Fall, manchmal auch bei der Hausarbeit oder in immer wiederkehrenden Abläufen im Beruf, die nicht zum Niveau der Ausbildung passen.

Die Aufgaben in einem Beruf sollten zumindest zu einem größeren Teil mit den Gaben und Fähigkeiten, mit den sogenannten Kernkompetenzen, identisch sein. Die Qualität der Arbeit spielt für die Sinnhaftigkeit einer Arbeit und die Zufriedenheit eine größere Rolle als das Geld oder der Lohn, der dabei herauskommt.

Menschen geht es gut, wenn ihre Arbeit zu ihnen und ihren Gaben passt und ihnen auch Spaß macht. Viele Firmen wissen das und bemühen sich, die Rahmenbedingungen für ihre Arbeiter oder Angestellten so zu gestalten, dass darin Sinn erfahrbar ist und Zufriedenheit erlebt werden kann. Denn je zufriedener Arbeiter sind, desto zufriedenstellender sind die Ergebnisse.

Wer dennoch mit seiner Arbeit unzufrieden ist, sollte sich fragen, welcher der nachfolgenden Gründe dafür ausschlaggebend ist und welche Veränderungen zu mehr Zufriedenheit helfen könnten:

- Die Arbeit ist *sinnlos*, sie nützt niemandem oder richtet Schaden an (das kann zum Beispiel in für die Menschheit schädlichen Forschungsinstituten, bei Angestellten von korrupten Chefs oder in Firmen, die schlechte Ziele verfolgen, bei Handelsvertretern, die Kunden belügen müssen oder nicht an die Qualität ihrer Waren glauben, der Fall sein). In solchen Fällen bleibt manchmal nur die Kündigung – um den Preis finanzieller Einbußen, aber um den Gewinn der persönlichen Integrität. Mihaly Csikszentmihalyi kommt zu dem Schluss: »Es ist stets besser, wenn man etwas tut, bei dem man rundum zufrieden ist, als etwas, das zwar materielle Sicherheit bietet, uns jedoch unglücklich macht.«[42] Wenn also die Rahmenbedingungen oder Inhalte nicht veränderbar sind, wenn klärende Gespräche zu nichts führen, kann es besser sein, sich einen anderen Arbeitsplatz zu suchen und zu kündigen. Denn anhaltend kränkende Arbeitsbedingungen machen auf Dauer krank und auch unglücklich.

- Die Arbeit ist *langweilig*, sie besteht nur aus Routine, sie bietet keine Abwechslung, keine Herausforderung. Bei eintönigen Aufgaben kann es helfen, die Abläufe immer wieder zu verändern oder sich die äußeren Bedingungen anders zu gestalten (ein schönes Umfeld schaffen, ein neues Bild aufhängen, eine Pflanze aufstellen, die Möbel umstellen, eine Kerze bei der Arbeit anzünden oder Musik dabei hören) oder neue inhaltliche Herausforderungen zu suchen. Die Frage kann dabei lauten: Was hilft mir dabei, dass die Arbeit wieder Freude macht?

- Die Arbeit beinhaltet sehr viel *Stress*. Manchem Stress kann man durch die Veränderung der Abläufe entgegenwirken. Manche können besser arbeiten, wenn sie zuerst die schwierigen und dann die einfachen Aufgaben erledigen, bei anderen ist es genau umgekehrt. Permanente Unter- oder Überforderung verursacht immer Stress. Wer das erlebt, sollte nach Veränderung der Rahmenbedingungen suchen. Ein Weg dahin kann das Gespräch mit Vorgesetzten sein, um in einen anderen Arbeitsbereich versetzt zu werden oder um ein höheres oder niedrigeres Maß an Aufgaben zu bekommen. Manchmal ist auch eine Fortbildung hilfreich, um den Anforderungen einer Aufgabe besser gerecht werden zu können.

- Die Beziehungen in der Arbeitsstelle gestalten sich *schwierig*. Beziehungsstress in der Arbeit muss genau angeschaut werden: Wo liegt die Ursache? Was ist der eigene Anteil? Wie lassen sich Missverständnisse klären? Sind unterschiedliche Erwartungen oder Voraussetzungen eine Quelle von Stress? Oder werde ich gemobbt? Wer gemobbt wird, muss aufpassen, dass er sich nicht zum Opfer machen lässt. Wenn ich Opfer bin, lande ich in folgenden typischen Fallen: Ich werde bitter und zahle es dem anderen mit gleicher Münze heim; ich fühle mich minderwertig und denke, dass es mir recht geschieht; ich entwickle Schadenfreude, wenn dem anderen etwas Übles passiert. Für Mobbing und andere feindliche Situationen gibt Jesus in der Bibel den sehr hilfreichen Rat: segnen, Gutes tun, für die Täter beten. Dies schafft innere Freiheit.[43] Jesus meint damit, dass wir uns an seine Seite stellen dürfen und mit ihm zusammen auf die Mobbing-Situation und auf die Täter schauen können. Das schafft neue Souveränität und hilft heraus aus der Mobbing-Falle und der Opfer-Situation.
- Die Arbeit ist zur *Sucht* geworden. Wenn wir Arbeit verabsolutieren, wenn wir sie aus dem Sinnzusammenhang, Gott damit zu ehren, herauslösen, dann kann sie zur Geißel oder zur Sucht werden. Arbeitssüchtige – sogenannte Workaholics – machen ihren Wert fast ausschließlich von der geleisteten Arbeit abhängig. Die Arbeit rückt da-

mit an die erste Stelle im Leben, in die Lebensmitte.
Damit ist der wichtigste Raum im Herzen fremdbesetzt.
Der ständige Zwang zum Erfolg, zum Anerkanntsein, zur
Leistung oder guten Beurteilungen kostet dann unendlich viel an Kraft und kostet uns vor allem die Gelassenheit und Zufriedenheit. Manche Beziehungen sind daran
schon zerbrochen. Hier hilft eine Klärung der Lebenszie-
le: Was ist im Zentrum meines Lebens? Hat Gott die
oberste Priorität oder ist etwas anderes in die Mitte meiner Seele gerückt?

Ausblick

Arbeit darf nicht zum Selbstzweck werden, aber wir sind
dazu geschaffen, dass wir darin Befriedigung und auch ein
Stück Glück unseres Lebens erfahren. Wie kann dies gelingen?

Folgende Fragen können dabei helfen:

- Welche Dinge sind mir besonders wichtig, wofür schlägt
  mein Herz?
- Welche Begabungen und Fähigkeiten habe ich?
- Wo sind eher Schwächen und Begrenzungen?
- Welche Person ist für mich ein Vorbild?
- Was würde ich auch tun, wenn ich dafür keine Bezahlung
  erhalten würde?
- Welches Verhalten will ich mir ganz bestimmt nicht zu
  eigen machen?
- Welche Werte will ich auf keinen Fall aufs Spiel setzen?

- Was würde ich am meisten bereuen, wenn ich es nicht getan oder versucht hätte?
- Wo könnte ich mich neuen Herausforderungen stellen?
- Welches Projekt schiebe ich schon (zu) lange vor mir her?
- Wo kann ich Situationen, in denen ich mich überfordert fühle, durch Teilziele überschaubarer machen und damit besser Erfolg erleben?
- Was könnte ich langweiligen Tätigkeiten gegenüberstellen?

Ein kleines Beispiel im Blick auf Hausarbeit zum Schluss:

Bei der Hausarbeit erleben Mütter immer wieder, dass das Ergebnis ihrer Anstrengung innerhalb von Minuten nicht mehr sichtbar ist: Die Kinder laufen mit dreckigen Schuhen über den frisch gewischten Boden; das über Stunden liebevoll zubereitete Essen ist in wenigen Minuten aufgegessen; die frische Wäsche ist nach einem Tag wieder schmutzig; das aufgeräumte Wohnzimmer sieht nach dem Wochenende wieder chaotisch aus.

An solchen Stellen hilft oft eine Neudefinition der Arbeit: Nicht das Ergebnis allein ist wichtig, sondern die Haltung, mit der die Aufgabe getan wird. In dem, wie ich es tue, schaffe ich auch Atmosphäre und gute äußere Bedingungen zur Begegnung für die Familie, für Gespräche mit den Kindern oder Freunden.

Ein Lied der Jesusbruderschaft half mir oft, solche Aufgaben neu zu definieren. Das Lied heißt: »Ich singe dein Lob in den Tag hinein«. Eine Strophe daraus lautet: »*Will mit dir tuen die kleinen Dinge, dass daraus stündlich dein Name klinge.*«[44]

Mit der Haltung, mit der ich Aufgaben erledige, verändere ich die Atmosphäre. Ich tue es nicht für den eigenen

Erfolg oder die eigene Ehre, sondern in der Gegenwart von Jesus. Damit wird Jesus erfahrbar und spürbar für alle, die das Haus beziehungsweise die Wohnung betreten.

Das will ich mir schreiben in Herz und Sinn,
dass ich nicht für mich auf Erden bin,
dass ich die Liebe, von der ich lebe,
liebend an andere weitergebe.

Verfasser unbekannt

GLÜCK UND STILLE

Eine weitere Komponente für gelingendes oder glückliches Leben in der Schöpfungsgeschichte ist der Aspekt der Entlastung. Der Mensch braucht Orte und Freiräume der Ruhe und Stille: »*Und so vollendete Gott am siebenten Tage seine Werke, die er machte, und ruhte am siebenten Tage von allen seinen Werken, die er gemacht hatte. Und Gott segnete den siebenten Tag und heiligte ihn, weil er an ihm ruhte von allen seinen Werken, die Gott geschaffen und gemacht hatte*« (1. Mose 2,2-3).

In den Zehn Geboten wird dies wieder aufgenommen: »*Sechs Tage sollst du arbeiten und alle deine Werke tun. Aber am siebenten Tage ist der Sabbat des Herrn, deines Gottes. Da sollst du keine Arbeit tun, auch nicht dein Sohn, deine Tochter, dein Knecht, deine Magd, dein Vieh, auch nicht dein Fremdling, der in deiner Stadt lebt. Denn in sechs Tagen hat der Herr Himmel und Erde gemacht und das Meer und alles, was darinnen ist, und ruhte am siebenten Tage. Darum segnete der Herr den Sabbattag und heiligte ihn*« (2. Mose 20,9-11).

Wie gut, dass wir nicht immer nur arbeiten müssen. Der Wechsel von Anspannung und Entspannung macht das Leben reich und interessant. Dieser Rhythmus des »ora et labora« (die Benediktinerregel »bete und arbeite«) gehört zu einem gesunden Menschsein dazu. In unserer hektischen, nie zur Ruhe kommenden Zeit tuen uns das Stillwerden und Hören unendlich gut.

Wir profitieren in tiefer Weise, wenn unser Arbeitsrhythmus unterbrochen wird. Der Tag der Ruhe und der Ehre Gottes ist für ein gelingendes Leben wichtig. Dadurch können wir das Leben immer neu verorten und konzentrieren.

Konzentration kommt aus dem lateinischen »con centro« – um eine Mitte herum. Diese Mitte soll das innere Gespräch mit Gott einnehmen. Vor ihm sein dürfen, nichts tun müssen, hörend werden, still sein und trotz alledem immer noch wertvoll sein – das sind Erfahrungen, die Menschen in solchen Gebetszeiten geschenkt werden.

Im Tiefsten wird in solchen besonderen Zeiträumen auch die Erfahrung gemacht, was Gnade bedeutet: *Gott sieht mich mit seiner Gnade und Barmherzigkeit an. Er macht seine Liebe zu mir nicht von meiner Leistung abhängig. Ich darf aufatmen in dem großen Ja Gottes über meinem Leben.*

Solche Freiräume, solche Zeiten der Gottesbegegnung sollten aber nicht allein auf den Sonntag beschränkt sein. Gott möchte sie uns jeden Tag schenken. Der Sonntag ist dabei so etwas wie ein Anker für die ganze Woche. Was mir am Sonntag in der Ruhe vor Gott oder im Gottesdienst gesagt wird, was mir von Gott als Verheißung oder auch als Korrektur zugesprochen wird, das kann mich eine ganze Woche begleiten, mich immer wieder rückbinden. Was ich an Gemeinschaft im Gottesdienst mit anderen Christen erlebe, hilft mir in der Gestaltung der übrigen Tage der Woche und in der Begegnung mit anderen Menschen.

In unserem Alltag zur Stille vor Gott finden, ist nicht immer ganz einfach. Unsere Orte, Zeiten und Räume der

Stille sind immer gefährdet. Es gibt immer Dinge, die angeblich wichtiger sind als die Stille vor Gott und das Gespräch mit ihm. Es gibt vieles, was uns davon abhalten will und uns ablenken kann. Wir sollten darum die äußeren Bedingungen überdenken: Gibt es Räume des Rückzugs? Kann ich meinen Alltag so strukturieren, dass ich zeitlich Freiräume für neue Herausforderungen von Gott gewinne?

Mit Gott in Kontakt kommen, das bedeutet beten. Mit Gott reden wie mit einem guten Freund. Ihn hereinbitten in die Fragen des Lebens, in die Unruhe der Seele, in die Überfülle des Alltags, das alles bringt die Seele zur Ruhe.

Als Kinder machten wir öfter Folgendes: Wir nahmen ein Einmachglas, füllten es mit Wasser, Erde und Sand. Dann rührten wir es um und hielten eine braune Brühe in der Hand. Das waren unsere »Suppentöpfe« und »Trinkgefäße«. Nach einer Weile vergaßen wir die Gläser, spielten etwas anderes. Wenn wir dann nach einiger Zeit zurückkamen, erlebten wir immer wieder neu die Überraschung: Das braune Wasser war wieder ganz klar geworden. Das Sediment hatte sich auf dem Boden abgesetzt, der Durchblick war da.

Genau das will Gott uns in der Begegnung mitten in unserem Leben mit ihm schenken: Durchblick, Ruhe und Klärung.

Glück im Leben hängt mit solchen Erfahrungen zusammen: mit dem eigenen Leben vor Gott vollständig zur Ruhe kommen, still werden. Es darf in den Stürmen meines Lebens Friede einkehren. Wie vieles treibt uns oft um: egal ob nun körperliche Arbeit und Belastung oder innere Stürme der Seele, Schwierigkeiten mit Mitmenschen oder Sorgen im Blick auf die Zukunft.

Auch von solchen Erlebnissen berichtet die Bibel immer wieder: Jesus mit seinen Jüngern auf dem Boot. Ein schwerer Sturm wirft das Boot hin und her. Die Jünger haben Todesangst und schreien. Doch Jesus schläft. Als die Jünger ihn wecken, bringt er den Sturm zur Ruhe. Der See wird spiegelglatt. Im Bibeltext heißt es, dass Jesus dem Sturm gebot, »*Da wurde es ganz stille*« (Matthäus 8,26). Dies ist auch ein Bild für die Stürme der Seele, die Jesus ganz zur Ruhe bringen kann. Wir dürfen uns ihm anvertrauen. Mit diesem Vertrauen kehrt dann auch Friede und Stille in aufgewühlte Seelen ein.

Wege zur Stille

Um zur Stille zu finden, ist es gut, einen persönlichen Gebetsort zu haben. Einen solchen Ort kann sich jeder so einrichten, dass die Seele zur Ruhe kommt, dass inneres Hören möglich wird.

Also äußere Lärmquellen abstellen, den Blick ausrichten können auf ein Bild, eine Kerze oder ein Kreuz. Manche Menschen können auch im Gehen besonders gut beten.

Wenn wir einen persönlichen Gebetsort haben, werden wir erleben, dass wir uns darin entspannen, aufatmen und zur Ruhe kommen können, dass wir mit Gott ins Gespräch kommen und dass dadurch Inspiration, neue Ideen und Gedanken, neue Herausforderungen ins Leben kommen.

Gott will in der Stille mit uns ins Gespräch kommen, unser Leben immer wieder mit Kraft füllen, korrigieren, orientieren, hinterfragen.

Das Gebet ist ein Reden des
Herzens mit Gott
in Bitte und Fürbitte, Dank und Anbetung.

Johannes Brenz

Beten ist wie der Austausch mit einem guten Freund oder einer Freundin, es ist ein Öffnen des Innersten unseres Wesens für Gottes Einfluss. Das Ziel des Gesprächs mit Gott ist, dass wir von Gott und seinen Werten geprägt werden, dass wir neu orientiert und neu ausgerichtet, von Gott ermutigt und beauftragt werden.

Friso Melzer weist darauf hin: Die Stille vor Gott ist die Quelle, aus der Qualität fließt.[45] Es ist sehr hilfreich, wenn man sich daran gewöhnt, die Gebetszeit nicht dem Zufall zu überlassen, sondern sie bewusst einzuplanen. So wie wir andere Dinge, die uns wichtig sind, auch in einen Kalender schreiben oder an einer Pinnwand notieren, ist es eine große Hilfe, sich Gebetszeiten bewusst vorzunehmen. Den richtigen Zeitpunkt dafür zu finden, ist eine sehr persönliche Sache. Im Lauf eines Lebens ändert sich dieser günstige oder passende Zeitpunkt immer wieder. Wenn Kinder zu Hause oder noch ganz klein sind, sind solche Zeiten deutlich schwieriger einzuplanen, als wenn sie älter sind. Man sollte sich davor hüten, sich da zu knechten. Andererseits besteht die tiefe Sehnsucht danach, aufzutanken und Kraft schöpfen zu können. Darum ist es gut, immer wieder neu zu fragen, wie das am besten gelingen kann. Auch das

»immerwährende Gebet« (egal wo ich bin, kann ich beten) kann in solchen Stresszeiten oder belastenden Zeiten eine große Hilfe sein.

Wenn es zu einer guten Gewohnheit wird, dass Gott mit uns reden kann, uns still machen kann, dann trägt dies wesentlich mit zum Glück in unserem Leben bei. Viele Menschen machen auch die Erfahrung, dass sie in solchen Zeiten des Gebetes tatsächlich »Flow« erleben. Sie erfahren ein tiefes Ergriffensein von Gottes Gegenwart, von seiner Wahrheit, von seinen Zusagen und von seiner Liebe. Wir können darüber nicht verfügen, aber uns dafür bereithalten, offen sein oder auch darum bitten.

Zeit, die wir in der Stille und im Gebet verbringen, fehlt uns nachher nicht. Sie wird uns zurückgeschenkt, denn unser ganzer Alltag bezieht sich dann sozusagen zurück auf die Stille, die wir uns genommen haben.

Das bedeutet: Wir leben konzentrierter, gezielter, geplanter, mit klaren Prioritäten für unseren Alltag. Es fällt uns leichter, zwischen Wichtig und Unwichtig zu unterscheiden, wenn wir von dem geprägt sind, was Gott uns in der Stille deutlich gemacht hat.

In Gebetszeiten kommt dann oft auch das zum Vorschein, was uns im Leben ärgert, was wir gerne anders hätten oder woran wir leiden. Das ist auch gut so. Die Stille vor Gott beinhaltet ein großes Veränderungspotenzial. Denn wir können dabei auf manche Situationen einen neuen Blick bekommen. Wir können die Perspektive wechseln. Wir können lernen, diese Situation mit Gott zusammen anzuschauen. Er kann uns ein neues Verstehen, neue Deutungsmöglichkeiten und auch Korrektur unseres eigenen Verhaltensrepertoires schenken. Perspektivwechsel bedeutet: Man könnte es auch anders sehen, eben aus einer anderen Perspektive; entweder aus der Sicht des Menschen, der mir Probleme macht, oder aus dem Blickwinkel Gottes. Diese neuen Perspektiven in schwierigen Zeiten kennenzulernen, kann eine große Entlastung und Hilfe sein.

Gerade in schwierigen oder belastenden Zeiten des Lebens brauchen wir besonders die Ausrichtung auf die Zusagen und Wegweisungen Gottes (mehr dazu S. 141 ff.). Die Bibel gibt uns viele Hinweise dafür. Im Stillwerden vor Gott können wir unser Leben dafür in ganz besonderer Weise öffnen.

Ein Geheimnis der Stille ist es, dass sie uns helfen kann, mit dem, was in unserem Leben schwer ist, zu einem inneren Einklang zu finden.

Auch dies trägt zum Glück unseres Lebens bei.

Die ein gutes Leben beginnen wollen,
die sollen es machen wie einer,
der einen Kreis zieht.
Hat er den Mittelpunkt des Kreises
richtig angesetzt und steht er fest,
so wird die Kreislinie gut.
Das soll heißen:
Der Mensch lerne zuerst,
dass sein Herz fest bleibe in Gott,
so wird er auch beständig werden
in seinen Werken.

Meister Eckhart

GLÜCK UND GENUSS

Schöne, glückliche Momente hängen häufig auch mit dem Genießen zusammen.

Es ist wunderbar, ein schönes Musikstück oder den Gesang der Vögel zu hören, den Duft von im Freien getrockneter Wäsche oder der Pilze im Wald zu riechen, ein Glas Wein oder ein Stück Kuchen zu genießen, die Umarmung eines Menschen zu spüren, das Schwimmen im Wasser oder das Baden in einem Schaumbad hautnah zu erleben.

Das können wunderbare Glücksmomente des Lebens sein.

Ein Säugling macht seine ersten Erfahrungen über die Sinne. Es ist wichtig, dass diese auch lustvoll und befriedigend sein dürfen. Das verleiht eine stabile Identität, schenkt Geborgenheit und Sicherheit.

Das Kennenlernen der eigenen Sinne, die Erfahrung, etwas voller Genuss zu hören, zu fühlen, zu schmecken oder zu riechen, gehört zu einem gesunden Menschsein dazu.

Nun gibt es aber bei diesem Thema zwei Denkfehler:

Der eine lautet: Nur wenn du permanent Lust erlebst, bist du glücklich.

Der zweite heißt: Genuss und Lust ist unwichtig oder sogar sündig. Um beide Denkfehler soll es im Folgenden gehen. Fangen wir mit dem zweiten an. Sinngemäß lautet dieser: Lust ist unwichtig, nur Leistung zählt. Oder auch: Bedürfnisorientierung ist falsch, Askese ist richtig.

Genuss ist erlaubt und gewollt

Zur Entfaltung des Menschseins und zu Glückserfahrungen gehört die Freude am Genuss – genauso wie die Fähigkeit zum Verzicht – dazu. Ähnlich beschreibt es auch die Bibel. Sie ermutigt zur Freude an den Sinnen; sie lädt zur Dankbarkeit über gestillte Bedürfnisse ein; sie erinnert daran, sich an Essen und Trinken zu freuen; sie wendet den Blick auf die Schönheit der Schöpfung.

In der Schöpfungsgeschichte wird dem Menschen der Genuss erlaubt, ja sogar empfohlen: *»Du darfst essen von allen Bäumen im Garten«* (1. Mose 2,16) – bis auf den einen, den Baum der Erkenntnis des Guten und Bösen.

Ein Leben ohne Genuss wäre arm. Darum ließ Gott der Herr *»aufwachsen aus der Erde allerlei Bäume, verlockend anzusehen und gut zu essen«* (1. Mose 2,9).

In den Psalmen wird die Größe Gottes besungen, die in seiner Schöpfung sichtbar wird. Gott hatte Lust daran, die Erde zu erschaffen.[46]

Das Hohelied besingt die Freude an der Sexualität.

Jesus hat mit den Menschen Feste gefeiert, gegessen und getrunken.

All das gehört zu einem gesunden Menschsein dazu. Die Freude an den Sinnen verbunden mit der Dankbarkeit für Gottes reiche Schöpfung.

Menschen, denen Lust und Genuss nie erlaubt wurden, verdrängen ihre Bedürfnisse häufig. Die von klein auf gelernten Botschaften lauten: Positive Gefühle und lustvolle Erfahrungen sind nutzlos oder gar nicht erlaubt. Darum haben diese Erwachsenen oft keinen positiven Bezug zu ihren Gefühlen und Bedürfnissen.

Und sie tun sich insgesamt schwer mit dem Leben, denn über unsere Sinne erfahren wir ja auch die Sinnhaftigkeit des Lebens.

Wer mit den Sinnen spürt, sich freut an all dem Schönen, was diese Welt bereit hat, der hat seltener das Gefühl, dass das Leben sinnlos ist. Wer aber meint, sinnhafte Freuden seien nutzlos und überflüssig, wird schnell des Lebens überdrüssig. Wenn man solche Menschen fragt, was denn im Leben wichtig ist, kommen häufig Antworten wie: Erfolg, Leistung oder Reichtum. Doch wer sich allein darauf konzentriert, verliert schnell die Freude am Leben.

Mit den Sinnen genießen können, bedeutet auch: spielerisch, zwecklos, leistungsfrei sein zu dürfen.

> Nur wer genießen kann,
> ist auch zu genießen.

Fixierung auf Lust macht nicht glücklich

Ein anderer Trugschluss bei diesem Thema lautet: *Wenn du ständig Lust und Genuss erlebst, bist du auf Dauer glücklich.* Das stimmt jedoch auch nicht. Denn aus dieser Haltung entsteht dann schon fast so etwas wie ein Zwang zum Glücklichsein oder ein permanenter Druck: »Wehe, du bist nicht glücklich!«

Die Werbung versucht uns einzureden, wir könnten auf Dauer glücklich sein, wenn wir ihren Versprechungen hinterherjagen. Deswegen malt sie uns immer wieder Lust als lohnendes Ziel vor Augen: sei es im Bereich des Essens oder Wohnens, im Bereich der Sexualität oder des Sports oder anderer Freizeitaktivitäten. Die Botschaft in der Werbung lautet: Lust – und darum auch Glück – ist käuflich. Also: *Koste das Leben aus. Dabei sein ist alles. Lust, Abenteuer und Spaß ist doch das Einzige, was das Leben wirklich zu bieten hat.*

Wenn solche Botschaften geglaubt werden und die Orientierung an Lust und Genuss in den Mittelpunkt rückt, dann prägen sie auch die Kriterien, nach denen wir Entscheidungen treffen. Dann lautet die unterschwellige Frage: »*Was bringt es mir? Welchen Lustgewinn habe ich davon?*« Auf diese Weise kann sich das Leben schnell im Oberflächlichen verlieren, sich allein auf das Heute und Hier fixieren.

Viele Werbespots tragen unterschwellig die Botschaft in sich: Jeder muss sich selbst Sinn und damit auch Lust verschaffen. Kaufe dieses oder jenes, tue dies oder das. Und wenn du nicht glücklich bist, bist du selbst schuld. Also verschaffe dir schnellstmöglich Lustgewinn.

Verstärkt wird dieser Druck in der Postmoderne durch Botschaften wie: *Alles ist möglich. Schöpfe aus der Vielfalt der Optionen die für dich optimale heraus.* Wir leben in einer Zeit der unendlich vielen Möglichkeiten und des permanenten Stresses. Jedem und jeder stehen nahezu unbegrenzte Möglichkeiten offen: sei es in der Freizeitgestaltung oder Mode, in der Zeitgestaltung oder in Meinungen. Alles ist möglich. Fast alles wird toleriert. Das Internet hält immer mehr Möglichkeiten bereit, Zeit zu verbringen oder zu gestalten. Verschiedenste Anbieter werben um die Gunst der Kunden.

Daraus ergibt sich der sogenannte »Multioptionsstress«, der Stress der vielen Möglichkeiten. Die ständigen Entscheidungen, vor die wir gestellt sind, können zur permanenten Überforderung führen. Wir stehen dadurch ungeheuer unter Druck: *Alles muss sein, alles auf einmal und möglichst gleichzeitig.* Daraus resultiert Stress, weil wir uns ständig damit auseinandersetzen müssen, unter Vergleichsdruck stehen und unter dem Gefühl leiden, möglicherweise etwas zu versäumen. Wenn ich mich für etwas entscheide, entscheide ich mich gleichzeitig gegen hundert andere Sachen. Das Gefühl, etwas zu versäumen, stellt sich sehr schnell ein und verunsichert viele Menschen.

Dieser Multioptionsstress kommt zum einen aus dem Denkmuster, sich selbst ein optimiertes Leben verschaffen zu müssen. Zum anderen kommt er aus einer Diesseitsorientierung, die lautet: *Ich muss alles aus dem Heute und Hier herausholen.*

Früher hatten die Leute eine durchschnittliche Lebenserwartung von 35 Jahren plus die Perspektive einer Ewigkeit – heute haben sie nur noch 80 Jahre.

Doch wer alles aus dem Heute und Hier herausholen muss, greift möglicherweise zu extremen Formen der

Lebensgestaltung: Immer neue Nervenkitzel, Extremklettern mit unkalkulierbarem Risiko, Extremleistung im Ausdauersport, Megamarathon, Megatriathlon, Canyoning, Megabike-Rennen, Mega-Bungee-Sprünge, simulierte Flugzeugabstürze – für solche Erlebnisse zahlen manche Menschen immense Summen. Das High-Gefühl danach ist für den ersten Moment faszinierend. Aber es kann eben nicht auf Dauer hergestellt werden. Wer der Lüge glaubt, dass das Glück allein davon kommt, verliert sich möglicherweise in der Fixierung auf diese Erlebnisse. Extremerlebnisse führen zu einer hohen Ausschüttung von Botenstoffen im Gehirn (zum Beispiel Dopamin und Adrenalin). Diese verstärken das Empfinden von Freude, Hochgefühl und Glück. Will man ein solches High-Gefühl wiederholen, braucht man beim nächsten Mal schon einen stärkeren Reiz, also auch extreme Erfahrungen. Darum können Extrem-Erfahrungen auch zu einer Form der Sucht werden. Es ist ähnlich wie bei Menschen mit Drogen-, Tabletten- oder Alkoholabhängigkeit, die mit der Zeit immer höhere Dosierungen des Rauschmittels brauchen, um für kurze Zeit Lustgewinn zu erleben.

Leben nach dem permanenten Lustprinzip führt nicht zur Sättigung. Was am Anfang noch Lust vermittelte, verkümmert nach einer gewissen Zeit nur noch zum Bedürfnis. Der Genuss verblasst allmählich.[47] So entstehen Gewöhnung und später dann Abhängigkeit oder Sucht.

Extremfall Sucht

Bei einer Sucht verselbstständigen sich bestimmte Mechanismen. Sehr drastisch nachgewiesen hat dies der kanadische Neurowissenschaftler James Olds mit einem Experiment an Ratten: Er manipulierte deren Gehirn so mit Elektroden, dass die Ratten sich selbst einen kleinen Stromstoß verpassen konnten, den sie als lustvoll empfanden. Das Ergebnis war gleichzeitig überwältigend und bedrückend. »Die Ratten kamen nach kürzester Zeit von dem Schalter nicht mehr los. Die bedauernswerten Geschöpfe vergaßen alles andere und drückten ihn stattdessen wie irrsinnig immer und immer wieder. Bis zu 6 000 Selbstmanipulationen pro Stunde registrierte der Forscher. Zu Olds' Erstaunen spielte selbst Sex für die Tiere keine Rolle mehr, vollends bedenklich war, dass sie auch nicht mehr daran dachten, zu essen und zu trinken. Die Ratten riskierten zu sterben für ein bisschen Glück! Der Wissenschaftler rettete schließlich ihr Leben, indem er den Stimulator nach ein paar Tagen abschaltete.«[48]

Ein Grund für Sucht ist der Trugschluss, dass das Suchtmittel mir Erleichterung in schwierigen Lebenssituationen verschafft. Wenn Menschen in Schwierigkeiten jedes Mal zu Suchtmitteln greifen, dann erfährt der Körper, dass auf diese Weise das Schwere im Moment leichter zu ertragen ist. So gesehen wird Sucht gelernt.[49] Bestimmte Substanzen oder Tätigkeiten helfen angeblich dabei, mit Last, Langeweile und dem Leid des Lebens besser zurechtzukommen. Doch Sucht ist wie eine Fremdherrschaft. Das Gehirn ist von der Selbstmanipulation durch bestimmte Stoffe oder Aktivitäten besetzt.

Menschen, die süchtig waren, erzählen immer wieder davon, wie sehr sie unter ihrer Sucht gelitten haben. Immer wieder kehrte nach Suchthöhepunkten ein Gefühl von Scham und Erniedrigung, ja Würdelosigkeit in ihr Leben ein.

Annika erzählt von ihrer Medikamentenabhängigkeit: »Beruf, Haushalt, Familie, Arbeit – um all das in den Griff zu bekommen, waren meine Helferlein immer da. Meine Helferlein, das waren Schlaftabletten, Muntermacher, Schmerzmittel. Schon als Kind begann ich Kopfschmerztabletten zu nehmen – genau wie meine Mutter. Je mehr mein Leben durch Job und Familienalltag belastet wurde, desto mehr griff ich zu Medikamenten. Ich wurde abhängig. Dadurch veränderte ich mich, ich wurde launisch, lustlos, machte Fehler. Dennoch konnte ich meine Sucht jahrelang verheimlichen. Medikamentenabhängigkeit riecht man nicht, man torkelt nicht. Es ist eine Abhängigkeit, die nicht auffällt. Und es ist eigentlich eine legale Sucht, denn man bekommt sie anfangs auf Rezept. Doch ich konnte mir nicht eingestehen, dass ich abhängig bin. Ich hatte Angst vor dem Entzug. Mein Körper verlangte nach den Medikamenten. Ich hab gezittert, Schweißausbrüche gehabt. Meine Scham, darüber zu sprechen, war groß. Niemand wusste ja davon.«[50]

Markus erzählt von seiner Internet-Sexsucht: »Wenn die Familie im Bett war, setzte ich mich an den PC. Meiner Frau gegenüber rechtfertigte ich das damit, dass ich geschäftlich noch viel zu tun hätte. In Wirklichkeit klickte ich mich aber durch verschiedene Sexseiten. Am Anfang empfand ich es als prickelnd und es törnte mich total an. So konnte ich mir Spaß und Befriedigung verschaffen. Nach einiger Zeit aber merkte ich, dass ich schon den ganzen Tag immer wieder an die Abende vor dem PC dachte und es kaum erwarten konnte. Wenn die Kinder noch mit mir spielen wollten oder meine Frau noch etwas erzählen wollte, wurde ich immer gereizter und ungeduldiger. Ich verlor die herzliche Beziehung zu meiner Familie. Sie waren nur noch Störfaktoren. Ich blieb nachts immer länger im Internet. Denn das, was am Anfang noch sehr schnell zur Befriedigung meiner Bedürfnisse verhalf, dauerte nun immer länger. Dadurch litt ich mit der Zeit auch unter Schlafmangel und meine Gereiztheit steigerte sich immer weiter. Gleichzeitig schämte ich mich zutiefst – vor meiner Frau, aber auch vor mir selbst.«

Sucht ist wie ein ständig saugendes Loch, das alles an sich zieht, aber eben nie gefüllt wird, denn das Loch geht durch die Seele hindurch. Egal, wie viel ich einfülle, es verliert sich im Nirgendwo.

Was aber hilft uns nun, in guter Weise mit Lust und Genuss umzugehen, und damit auch ein Stück Glück im Leben zu erleben? Was macht Menschen fähig, in guter Weise zu genießen?

Zwei Antworten darauf:

- Frustrationstoleranz: Lernen, mit Frustrationen angemessen umzugehen und sie nicht mit Suchtmitteln wegdrücken.
- Auf die hinter der Sucht verborgene Sehnsucht und den Schmerz schauen und Wege finden, wie diese gestillt werden können.

Frustrationstoleranz

Bei einer Sucht fehlt die Fähigkeit, mit Frustrationen angemessen umzugehen, die sogenannte Frustrationstoleranz. Frustrationen sind zum Beispiel Hunger, Durst, Langeweile, Schmerz oder Enttäuschungen. Wer solche Zustände und die damit verbundenen negativen Gefühle zumindest für eine Zeit lang aushalten kann, ohne in Scheinbefriedigungen oder Ersatzbefriedigungen fliehen zu müssen, der hat Frustrationstoleranz. Wörtlich bedeutet es: die Fähigkeit, Frustrationen zu erdulden: Toleranz leitet sich von lat. »tolerantia« her (lat. »tolerare« = (er)dulden).

Ein Baby hat noch keine Frustrationstoleranz. Es schreit sofort, wenn es Hunger hat. Ein Kleinkind kann Hunger und Durst bereits kurze Zeit aushalten, größere Kinder können auch mal eine Stunde aufs Essen warten, und Erwachsene können ein oder zwei Wochen lang fasten.

Leider ist uns die Wichtigkeit der Frustrationstoleranz im Zusammenhang mit der Erziehung heute aus dem Blickfeld geraten. Das liegt daran, dass wir in unserer Gesellschaft sehr stark bedürfnisorientiert leben. Die Befriedigung unserer Bedürfnisse beziehungsweise unserer Lust gilt als hoher Wert. Psychologische Halbwahrheiten tun ein Übriges dazu. Da wird behauptet, Menschen würden verkümmern oder seelisch verklemmt werden, wenn sie zu viele Bedürfnisse unterdrücken müssten.

Eine Maxime der 1968er-Jahre, die uns bis heute unterschwellig begleitet, lautete: *Unterdrückte Bedürfnisse machen die Persönlichkeit krank.* Oder: *Lebe deine Lust, nur das ist wahres Menschsein.* Vielen Eltern wurde eingeredet, dass sie schlechte Eltern seien, wenn sie nicht jedem Bedürfnis ihrer

Kinder sofort nachkämen. Die Folge davon waren und sind häufig sogenannte »kleine Tyrannen«.

Dass uns Frustrationstoleranz heute nicht mehr so wichtig ist, liegt auch daran, dass wir uns fast jedes Bedürfnis erfüllen können. Wir können uns zu jeder Jahreszeit alles kaufen: Erdbeeren im Winter und Orangen im Sommer.

Wer das Bedürfnis nach einem erlebnisorientierten Wochenende hat, gestaltet sich dieses nach dem Motto: *Lebe, wer du bist.* Oder: *Tu, was du willst – heute und hier muss gelebt werden – was morgen kommt, ist egal.* Diese Schlagworte sind Inhalte von Werbeslogans und sie prägen unbewusst auch unser Denken. Aber ein Leben nach dem Lustprinzip macht das Leben auf Dauer leer und schal.

Wer etwas aushalten und warten kann, der kann die schönen Seiten des Lebens anders schätzen und genießen und darin dann auch Glück erleben. Spannungsreiches Warten und Vorfreude erhöhen den Genuss einer Sache mehr als die sofortige Befriedigung.

Schöne Rituale für Wartezeiten sind dabei eine große Hilfe.[51] Wie wichtig kann es für ein Kind sein, wenn es merkt: *Ich kann Hunger und Durst aushalten und ich sterbe nicht daran. Ich schaffe es, auf etwas zu warten und mir nicht gleich Befriedigung zu holen. Mir ist jetzt gerade langweilig, aber nachher nicht mehr.* An solchen Erfahrungen reift ein Kind und wird zu einer stabilen und auch belastbaren Persönlichkeit.

Auch als Erwachsene reifen wir noch an jeder durchgestandenen Krise, an jedem ausgehaltenen Schmerz, an jeder durchgestandenen Frustration. Frustrationstoleranz ist eine wichtige Voraussetzung für die Bewältigung und Lösung von Konflikten. Dass heute viele Ehekonflikte vor dem Scheidungsrichter enden, hat seinen Grund unter anderem auch in mangelnder Frustrationstoleranz. Wer als Kind keine Frustrationstoleranz entwickeln konnte, weiß nicht, dass Konflikte, Langeweile und Spannungen (wenn sie durchgestanden sind) einen positiven Ausgang nehmen können. Solche Erwachsene haben häufig Angst vor Schwierigkeiten und Spannungen in der Ehe und fliehen dann aus dem Konflikt.

Gerade im Kleinkindalter wird eine wesentliche Grundlage für die spätere Konfliktfähigkeit gelegt, indem die Fähigkeit, mit Frustrationen umgehen zu können, vermittelt wird. Kleinkinder lernen das nicht von selbst. Sie brauchen dafür Eltern, die sie dabei unterstützen und anleiten. Frustrationstoleranz beginnt mit der Konsequenz der Eltern und mit deren Mut zu klaren Grenzen. Die Bereitschaft zum Gehorchen hat mit Vertrauen zu tun. Wer weiß, dass die eigenen Bedürfnisse nicht unbeachtet bleiben, sondern dass sie gesehen und auch beantwortet werden, der kann Frustrationen besser aushalten. Darum ist es wichtig, Kindern etwas zuzutrauen und sie in der Konfliktfähigkeit und Frustrationstoleranz zu stärken.

Als stabile Persönlichkeit können wir verzichten, Genuss unterbrechen, fasten und uns dann neu auf bestimmte Ereignisse oder die Erfüllung bestimmter Bedürfnisse freuen.

Durch die Vorfreude auf ein Ereignis, auf das wir warten müssen, entsteht ja auch ein Stück Lebensglück. Ohne Vorfreude wäre das Leben deutlich glücksärmer.

Satt werden in Gott

Eine zweite Antwort darauf, wie wir das Leben in einer tieferen Weise genießen lernen, lautet: die hinter der Lustbefriedigung liegenden Sehnsüchte besser kennenlernen. Hinter jeder Sucht steckt auch eine Sehnsucht nach Erfüllung, nach Zufriedenheit, vielleicht auch nach Freude, nach Sattwerden in Gott.

Solche Erfahrungen entstehen nicht durch oberflächliche Erlebnisse, sondern in einer viel tieferen Schicht der Seele, die offen vor Gott ist. Wie kehrt tiefer Friede, Zufriedenheit oder, anders ausgedrückt, »Satt werden in Gott« in die Seele ein? Was ist damit gemeint? Die Bibel beschreibt es so: Die Seele lechzt nach Gott wie ein Hirsch nach frischem Wasser. Wörtlich heißt es da: »*Wie der Hirsch lechzt nach frischem Wasser, so schreit meine Seele, Gott, zu dir. Meine Seele dürstet nach Gott, nach dem lebendigen Gott*« (Psalm 42,2-3).

Aber dann sagt die Bibel auch: Wie ein Kind, das frisch gestillt ist und völlig zufrieden auf dem Schoß der Mutter liegt, so kann die Seele in der Gottesbegegnung still und zufrieden werden. Psalm 131,2: »*Fürwahr, meine Seele ist still und ruhig geworden wie ein kleines Kind bei seiner Mutter.*«

Oder in Jesaja 66,13: »*Ich will euch trösten, wie einen seine Mutter tröstet.*«

Wie wird ein Mensch satt durch Gott, wie erlebt jemand dieses Trösten Gottes? Menschen haben oft tiefe Wunden und Verletzungen in der Seele. Oberflächlich wird der Schmerz häufig durch Schmerzkiller gestillt. Das können Ablenkung in Vergnügungen sein, dann aber auch Tabletten, andere Substanzen, die kurzfristig Hochgefühle hervorrufen und langfristig süchtig machen können. Der tiefere Schmerz ist damit aber nicht gestillt. Dieser wird erst heil, wenn die Seele auch mit dem Schmerzlichen und Dunklen vor Gott kommen darf. Das Verletzte, die Gefühle von Scham und Würdelosigkeit, Hilflosigkeit und Angst – sie alle dürfen offen vor Gott gezeigt werden. Sie sollen eben nicht schnell mit irgendwelchen Substanzen oder süchtig machenden Tätigkeiten zugedeckt werden, sondern vor Gott hingehalten und ausgehalten werden – mit der Bitte, dass Gott es heilt, dass er neue Bilder, Gedanken und Wahrheiten in diese Situation hineinspricht. Die ganze Bedürftigkeit der Seele darf vor Gott wahr sein. Er will neue Würde schenken, Vergebung, Liebe und Kraft. Er will uns in einen neuen Stand erheben: sein Kind zu sein, befreit, geheilt, wertgeschätzt, geliebt und neu beauftragt. Alle Bereiche des Lebens, auch die dunklen und ungeheilten, dürfen vor Gott offenliegen. Er antwortet auf die dahinterliegenden Sehnsüchte und therapiert das Verbogene und Verletzte des Lebens. Danach kehrt Friede ein.

Die folgende Geschichte davon, wie Heilung in einem Leben geschieht, hätte auch Annika mit ihrer Medikamentensucht oder Markus mit seiner Sexsucht erzählt haben können. Wie ein Mensch heil wird, verläuft in der Grunderfahrung immer wieder ähnlich. Gott gibt das, was fehlt. Er heilt, was verletzt ist, er füllt das Loch in der Seele mit seiner Gegenwart.

Lea erzählt: »Ich war ein Mensch voller Selbsthass und Wut gegen mich. Dies bekamen meine Kinder häufig in Form von Aggressionen und Unausgeglichenheit zu spüren. Ich litt sehr darunter. Mit der Zeit merkte ich: Meine Aggressionen sind ein Schutz vor den Verletzungen und Wunden meines Lebens. Solange ich mich nach außen wehre, muss ich den Schmerz in mir nicht spüren. Doch so wollte ich nicht sein, ich wollte eine liebevolle Mutter sein.

Ich wünschte mir Heilung von Gott und betete darum. Das Gespräch mit einer Seelsorgerin war ein erster Schritt. Sie fragte mich nach Verletzungen in meiner Kindheit. Das war ein Ansatzpunkt, den ich sofort bejahen konnte – ja, das stimmt: Da war vieles, das wehtat, und mein versteckter Schmerz äußerte sich in maßloser Wut.

Dieser Gedanke war ein Schlüssel, mit dem ich weiterarbeiten konnte.

So machte ich mich vorsichtig auf den Weg der inneren Heilung. Ich wollte dem eigenen Schmerz nachspüren, den Selbsthass entdecken, die Wut gegen mich selbst erkennen. Ich lernte die Botschaft der Kindheit zu analysieren und diesen Gefühlen nachzugehen: ›Was bist du schon … was kannst du schon … aus dir wird sowieso nie was Gescheites … wie du wieder aussiehst.‹ Mehr und mehr hörte ich auf das weinende Kind in mir, die Verurteilungen und Beurteilungen der Kindheit. Die ganze Ungeborgenheit und Unsicherheit kam wieder hoch. Die Minderwertigkeitsgefühle der Gegenwart hatten ihren Ursprung darin. Die Wut auf meine Kinder war eigentlich Hass auf mich selbst. Sie zu lieben, tat so weh, weil das eigene Ungeliebtsein dann in mir hochkam. Am Anfang unserer Ehe konnte ich den Satz ›Ich liebe dich.‹ überhaupt nicht annehmen. Im Kopf wusste ich, dass das stimmt, aber mein Herz schrie: ›Nein, unmöglich – mich kann niemand lieben – ich bin es nicht wert.‹ Und entsprechend wehrte ich mich dagegen – wie verletzend mein Verhalten war, merkte ich erst an den Reaktionen meines Mannes. Dahinter steckte die Angst: Wenn es wahr wäre, wirklich geliebt zu sein, dann müsste ich nur noch weinen vor Schmerz und Freude. Also dann doch lieber abwehren und nicht in die Tiefe meiner Seele schauen.

Mehr und mehr stieß ich in die Gefühle der Kindheit vor und lernte, meinen Gefühlen der Wertlosigkeit Worte der ›Rechtfertigung allein aus Glauben‹ entgegenzustellen: Gott liebt bedingungslos – auch dann noch, wenn ich es nicht fassen kann. Gott liebt dich – auch wenn du dir selbst das Recht zu leben absprichst. Gott liebt dich – auch mit der größten Schuld. Es gibt keine Hindernisse für Gottes Liebe. Er kam eben deswegen, weil wir schuldig sind und Hilfe brauchen.

Dieser Prozess ging über mehrere Jahre. Der Durchbruch zur inneren Heilung kam für mich, als ich mich ein ganzes Wochenende lang in die Stille einer Kommunität zurückzog. Ich erbat von Gott Heilung und ich erwartete sie von ihm. Ich wollte mich dem ganzen Schmerz stellen und breitete alles vor Gott aus. Ich schrieb die Erlebnisse der Kindheit auf, erlebte aufs Neue die Gefühle, mit denen ich nicht umgehen konnte. Die Verurteilungen, die ich mir zu eigen gemacht hatte, brachte ich zu Papier – und ich hatte endlich auch den Mut, über den ganzen Schmerz der Kindheit zu weinen. Spät in der Nacht lief ich hinaus ins Freie, betend und weinend. Nach einiger Zeit stand am Wegrand ein steinernes Kreuz – und so kniete ich mitten in der Nacht an diesem Kreuz nieder und legte den ganzen Schmerz Gott hin und weinte mich bei ihm aus.

Danach war vieles anders. Mir stand ein inneres Bild vor Augen: Dort, wo vorher in mir ein emotionales Loch war, war jetzt ein kräftiger Baum gepflanzt – der Baum der Liebe Jesu. Und dieser Baum füllte nicht nur das Loch meiner Seele aus, sondern er war tief in mir verwurzelt – er konnte nicht mehr ausgerissen werden, denn er war groß und stark und seine Äste waren in alle Teile meiner Seele ausgestreckt. So tief der Schmerz vorher war, so weit und noch viel weiter reichte nun die Liebe Jesu. Ich wusste nun bis in mein Herz hinein – und nicht nur im Kopf: Ich bin geliebt, so wie ich bin, zweckfrei und leistungsfrei – egal wie oft ich noch stolpere. Ich brauche keine Angst mehr vor Verurteilung zu haben, ich kann mich ohne Angst öffnen.

Danach änderte sich vieles im Umgang mit meinen Kindern. Meine Aggressionen waren wie ein zu schwer gewordener Mantel, den ich ablegen konnte. Es war etwas in mir geschehen, was mir eine tiefe Sicherheit gab. Aus dieser Erfahrung heraus konnte ich ganz anders reagieren. Das Verhalten der Kinder rührte nicht mehr an den eigenen Schmerz, denn dieser war geheilt. So konnte ich viel gelassener und souveräner mit ihnen umgehen. Wie gut!«

In diesem Beispiel ist das Sattwerden in Gott sehr treffend beschrieben. Der Friede von Christus reicht in die tiefsten Verästelungen der Seele hinein. Wer so oder so ähnlich Heilung erlebt, weiß: Auch in schwierigen und belastenden Situationen bin ich noch gehalten und geborgen. Es entsteht eine Freude und Zufriedenheit, die sich nicht an oberflächlichen, schnell vergehenden Ereignissen oder an Extremerlebnissen aufhängt. Es entsteht eine Tiefenstruktur, die auch in schwierigen Situationen noch tragen kann. Eine Freude, die sogar im Leid und in schweren Erfahrungen als Grundstruktur des Lebens noch da sein kann.

Wenn die Seele sich an den Quellen der Gottesbegegnung nährt, werden Sehnsüchte gestillt. Damit wird ein Mensch in einer tiefen Weise satt, wie das »Fast-Food-Erlebnisse« und erst recht keine Süchte jemals leisten könnten.

Manche Menschen können nach solchen Erfahrungen oft zum ersten Mal wirklich genießen, aus einem dankbaren und zufriedenen Herzen heraus. Sie brauchen die Lustorientierung nicht mehr als Lebenserfüllung, sondern erleben Genuss als wunderbare Zugabe Gottes für ihr Leben.

GLÜCK UND REICHTUM

Vermutlich fast jeder Mensch wünscht sich Reichtum, Leben in Hülle und Fülle, Bequemlichkeit, sich kaufen können, was man will, schöne Kleider, teure Möbel, ein eigenes Haus, geschmackvolles Essen … Auch in manchen Märchen kommt das als Ursehnsucht des Menschen zum Ausdruck, zum Beispiel im Märchen vom Schlaraffenland. Menschen mit fetten Bäuchen liegen auf dem Boden, müssen nichts mehr tun. Das fertige Essen fliegt ihnen in den Mund. Dies erleben zu können, ist sicher eine der Ursehnsüchte der Menschen. Doch macht es wirklich glücklich?

In einer Werbesendung wurde einmal ein ähnliches Bild entworfen: Ein Mann und eine Frau in einem Swimmingpool unter Palmen, herrlicher Sonnenschein, im Hintergrund Berge. Plötzlich fängt die Frau an zu tauchen, worauf der Mann zu ihr sagt: »Was machst du denn da?« *Sie*: »Ich suche meinen Geldbeutel.« – *Er:* »Kauf dir doch einen neuen!« – *und nachfolgend eine Stimme:* »Es ist schön, Millionär zu sein, kaufen Sie sich ein Los bei …«.

Im ersten Moment erscheint es uns verlockend, ein solches Leben zu haben: freie Zeit, schöne Landschaft, genussvolle Momente zu zweit. Selbstverständlich kann es schön sein, solche Glücksmomente zu erfahren. Auf solche Augenblicke schauen wir gerne zurück oder freuen uns im Voraus darauf. Doch machen sie auch noch glücklich, wenn sie zum Dauerzustand werden? Könnte es nicht sein, dass das Leben dann sehr schnell langweilig wird? Wenn ich jeden Tag mein Lieblingsessen bekommen würde – wäre es dann noch mein Lieblingsessen?

Und trotzdem denken wir häufig: »Die einzige Form der Befriedigung, die wir uns vorstellen können, ist mehr von dem zu bekommen, was wir bereits haben. Dabei ist schon unser aktueller Besitz nicht in der Lage, Zufriedenheit zu schenken. Was wird also ein Mehr davon bewirken – mehr Zufriedenheit oder mehr Unzufriedenheit?«[52]

Natürlich muss man diese Frage differenziert beantworten. Menschen, die in einem Umfeld leben, das eher wohlhabend und begütert ist, sich aber selbst bestimmte Dinge, die für die anderen selbstverständlich sind, nicht oder nur selten leisten können, rutschen ganz schnell in sogenannten »Sozialneid«. Durch das ständige Vergleichen wächst die Unzufriedenheit. In der früheren DDR waren die Menschen, die kein Westfernsehen empfangen konnten, zufriedener als solche, denen ständig vor Augen geführt wurde, was sie sich nicht leisten oder kaufen konnten.

Dennoch: »Geld und materieller Besitz oberhalb einer Mindestschwelle steigern das Glück des Menschen nicht. Einen sehr armen Menschen macht der Besitz von mehr Geld glücklicher, aber finanziell gut Dastehende erleben Geld nicht als Wohltat oder Glückssteigerung.«[53]

Unglücklich durch erfüllte Wünsche?

Beispiele davon gibt es genug. Eindrücklich ist mir noch ein Interview mit den Beatles in Erinnerung. Sie waren durch ihre Plattenerfolge zu Millionären geworden, aber sie waren dadurch nicht glücklich geworden. Sie formulierten es sinngemäß so: *Irgendwann kamen wir an den Punkt, dass wir uns alles kaufen konnten, uns alles leisten konnten, was immer wir nur wollten – aber plötzlich machte das keinen Spaß mehr. Es war alles irgendwie hohl und leer. Wir waren dadurch nicht zufriedener als vorher. Und wir brauchten immer schneller immer mehr, um noch ein bisschen Abwechslung zu erleben. Das, wovon wir uns so viel Freude erhofft hatten, füllte unser Leben nicht aus.*

Einen ganz ähnlichen Bericht finden wir schon in der Bibel (Prediger 2,2 ff.). Zunächst beschreibt der Prediger, wie er sich sämtliche Wünsche nach Wein, Häusern, Weinbergen, Gärten und Lustgärten mit fruchtbaren Bäumen und Teichen erfüllt, wie er eine große Dienerschaft und viele Herden erwirbt, wie er Silber und Gold besitzt, sich mit Sängern und Sängerinnen, mit Frauen in Menge umgibt. Alles, was seine Augen sich wünschten, erfüllt er sich und resümiert dann schlussendlich: »*Als ich aber ansah alle meine Werke, die meine Hand getan hatte, und die Mühe, die ich gehabt hatte, siehe, da war es alles eitel und Haschen nach Wind und kein Gewinn unter der Sonne ... Darum verdross es mich zu leben, denn es war mir zuwider, was unter der Sonne geschieht.*«

Diese Erfahrung machen Menschen immer wieder: Sie stellen fest, dass sie sich etwas leidenschaftlich wünschen. Wenn sie es dann aber haben, merken sie, dass es nicht das war, was sie sich in Wirklichkeit gewünscht haben. Und sie merken, dass sie dadurch eben nicht glücklicher oder zufriedener geworden sind. Ein Sprichwort lautet: *Jeder erfüllte Wunsch gebiert einen neuen.*

Die meisten Lottogewinner sind ein Jahr nach dem Gewinn unzufriedener als vorher. Ebenso auch Menschen, die durch andere Umstände (Erbschaft, Millionengewinn in einer TV-Sendung) plötzlich zu viel Geld kamen. Vor einiger Zeit gab es im Fernsehen eine Talkrunde, in die solche Gewinner eingeladen waren. Die allermeisten hatten das Geld verschleudert oder waren dadurch sogar in die Schuldenfalle geraten. Nur eine Frau berichtete davon, dass sie durch den Millionengewinn zufriedener geworden war. Warum? Sie hatte gleich zu Beginn einen Anteil verschenkt und den Rest in eine Stiftung investiert.

Sie folgte damit wohl ohne es zu wissen einem Rat der Bibel, der da lautet: »*Geben ist seliger als nehmen*« (Apostelgeschichte 20,35).

Aber warum macht denn ein plötzlicher, hoher Geldgewinn nicht glücklich?

Erklärungen gibt es dafür viele.

Eine davon ist der bereits erwähnte »Sozialneid«. Wer auf einmal viel Geld hat, der wird von anderen beneidet. Eine Konsequenz des Neids ist eben oft der, dass andere unser Leben schlechtmachen wollen, dass sie uns das Glück nicht gönnen wollen.[54]

Ein Mann erzählte: »Plötzlich kamen viele unserer Freunde und sagten ein bisschen spöttisch: ›Ihr könnt euch das ja jetzt leisten. Ihr habt ja jetzt Geld.‹ Oder auch: ›Ihr fühlt euch jetzt wohl als was Besseres, oder?‹ Wieder andere kamen als Bittsteller und wollten Geld von uns. Doch damit entstand in unseren Beziehungen ein Gefälle von Gebenden und Bedürftigen. Wir waren nicht mehr so vertraut miteinander wie vorher.« Sein Fazit: »Wir haben nach dem Gewinn viele Freundschaften verloren.«

Ein weiterer Grund dafür, dass Leute nach einem plötzlichen Lottogewinn oder auch nach einer hohen Erbschaft nicht glücklicher sind, kann sein, dass sie sich unter Druck fühlen, irgendetwas mit dem Geld machen zu müssen, und dann in einen Kaufrausch verfallen.

Eine Frau erzählte: »Meine Freundin geriet immens unter Druck durch den Lottogewinn. Sie kaufte sich lauter kostspielige Sachen. Das Teuerste war ein sehr hochwertiges Auto. Kurze Zeit später fuhr ihr Mann das Auto zu Schrott. Danach ging es ihr wieder besser. Es schien so, als fiele eine Last von ihr ab. So paradox es sich anhört: Die Reaktion ist ein Stück weit verständlich, denn sie wurde dadurch von dem Druck des plötzlichen Reichtums und damit des Geldausgeben-Müssens befreit.«

Ähnliches erzählte Manuela: »Durch mehr Geld gewöhnte ich mir einen anderen Lebensstil an, ich kaufte mehr und Teureres ein als früher. Doch als dann nach einer gewissen Zeit das Geld ausgegeben war, konnte ich mir den höheren Lebensstil nicht mehr leisten und hatte Mühe, mich wieder an das frühere Niveau zu gewöhnen.«

Ein sehr extremes Beispiel dafür ist der US-Amerikaner Jack Whittaker, der am Weihnachtstag 2002 den höchsten Lotteriegewinn der US-Geschichte einheimste. Seitdem ist es mit ihm nur noch bergab gegangen. Er verlor Hunderttausende durch Diebstähle, griff zum Alkohol, geriet wiederholt mit dem Gesetz in Konflikt und musste sich vor Gericht wegen sexueller Belästigung verantworten.[55]

Glücklich durch Geben

Ein Gegenbeispiel zu diesen Erfahrungen bildet das Leben von Sabine Ball, einer ehemaligen Millionärin.[56] Sie hatte alles, was sich eine Frau erträumen kann: einen steinreichen Mann, die Möglichkeit für Reisen in die ganze Welt, teure Autos, eine Villa und eine große Garderobe. Zehn Jahre nach der Hochzeit ließ sie sich scheiden, ihr Mann war zum Alkoholiker geworden.

Es ist übrigens ein interessantes Phänomen, welches man immer wieder beobachten kann. Viele Reiche und Promis haben ein Suchtproblem. Warum? Vermutlich weil solche Menschen irgendwann zu der Erkenntnis kommen: *Ich habe so viel Geld, dass ich mir alles kaufen oder leisten kann. Aber glücklicher bin ich dadurch nicht geworden. Wo ist denn dann das Glück?* Der Griff zu Drogen oder anderen Suchtmitteln (und damit ein Weg in die Bewusstseinserweiterung) scheint manchen dann verlockend. Sobald aber das Suchtmittel Macht über den Körper gewinnt, rückt das Glück in weite Ferne.

Sabine Ball hatte nach der Trennung von ihrem Mann ein recht verworrenes Leben. Sie war in der Intellektuellen- und Hippie-Szene in San Francisco und durchlebte einige Krisen. Eines Tages fand sie dort zum Glauben an Jesus Christus. Das hatte weitreichende Folgen für ihr Leben. Ihr Geld verschenkte sie oder setzte es für gute Zwecke ein. Sie gründete später in Dresden ein Jugendcafé für Drogenabhängige und anderweitig gestrandete Jugendliche. Ihren neuen Lebensinhalt beschrieb sie mit folgenden Worten: *die Menschen lieben und ihnen die Bibel auslegen.*[57]

Natürlich brauchen wir unser Auskommen, ein bestimmtes Niveau, um entspannt miteinander leben zu können. Aber wer seine Gedanken immer nur beim Geld hat – sei es, weil er meint, er habe zu wenig oder weil er viel hat –, der ist blockiert. Für den Wohlstand leben, für Reichtum sein Leben einsetzen – das macht letztlich nicht glücklich.

Schon viele Forschungen haben sich diesem Thema gewidmet. Das Ergebnis ist frappierend. Der Zuwachs an Zufriedenheit durch mehr Geld ist minimal. Der Psychotherapeut Jens Korssen hat es sich zur Aufgabe gemacht, Menschen zu helfen, wie sie trotz Reichtum glücklich werden können. Dazu bietet er spezielle Seminare an.[58]

Je mehr wir konsumieren, je mehr Güter wir haben, desto größer wird auch der Zeitmangel. Denn damit »steigt auch der zeitliche Aufwand für die Pflege und Erhaltung dieser Güter an. Wir werden größere Häuser sauber halten müssen, das Auto will gewaschen werden und das Boot muss winterfest gemacht werden. Der Fernseher muss repariert werden, und wenn das nicht geht, steht eine neue Kaufentscheidung an, für die wir Zeit brauchen.«[59] Einzig bei Menschen, die sich am unteren Ende der Skala des Wohlstandes bewegen, kann mehr Geld auch mehr Zufriedenheit hervorrufen, aber auch nur dann, wenn diese Menschen lernen, damit sinnvoll und effektiv umzugehen. »Sobald das Einkommen über die Armutsschwelle gestiegen ist, hat Wohlstand mit Wohlbefinden kaum mehr etwas zu tun.«[60] Wenn immer mehr schnelle Befriedigung ohne die dazugehörige Anstrengung möglich ist, werden Menschen immer unzufriedener. »In einem mit Bequemlichkeiten angefüllten Leben verkümmern die menschlichen Stärken und Tugenden.«[61]

Wohlstandsverwahrlosung

Darauf nimmt auch der Begriff der »Wohlstandsverwahrlosung« aus der Psychologie Bezug. Mit »Wohlstandsverwahrlosung« ist der innere Zustand von Kindern gemeint, die äußerlich und materiell alles haben (Markenkleidung, teure Sportgeräte oder kostspielige Hobbys, viele Urlaubsreisen), aber innerlich verwahrlost und darum auch heimatlos sind.

Viele Eltern meinen, sie tun ihren Kindern etwas Gutes, wenn sie ihnen möglichst viele oder sogar alle materiellen Wünsche erfüllen. Doch der Preis dafür ist hoch. Um dem gerecht zu werden, müssen oft beide Eltern arbeiten. Die Zeit für die Beschäftigung mit den Kindern, für Spiele, Gespräche, gemeinsame Unternehmungen kommt zu kurz. Aber Kinder brauchen nicht zuerst Geld, sondern Heimat in Beziehungen. Sie brauchen Geborgenheit in festen Grenzen und sie brauchen Menschen, die ihnen Halt geben – einerseits durch wertschätzende Kommunikation, andererseits durch Widerstand und Grenzsetzung.

Verantwortlicher Umgang mit Geld

Verantwortlicher Umgang mit Geld, mit Hab und Gut, gehört zu den wichtigen Herausforderungen des Lebens. In der Bibel wird Geld und Besitz nicht grundsätzlich schlechtgemacht.

Ganz im Gegenteil:

* In den Zehn Geboten wird das Eigentum geschützt (siehe S. 163 ff.).
* Der wohlhabende Gutsherr ist ein Bild für den Vater im Himmel (Lukas 15,11 ff.).
* Jesus besaß ein kostbares Gewand, das so wertvoll war, dass es nach seinem Tod nicht zerteilt wurde, sondern die Soldaten warfen das Los darüber (Johannes 19,23).
* Die Kasse der Jünger war gut gefüllt (Markus 6,37).

Andererseits warnt Jesus deutlich davor, sich seine Sicherheit vom Geld zu versprechen. Es gibt eine spannende Erzählung dazu, die aus heutiger Zeit stammen könnte (Lukas 12,16 ff.): *»Es war ein reicher Mensch, dessen Feld hatte gut getragen. Und er dachte bei sich selbst und sprach: Was soll ich tun? Ich habe nichts, wohin ich meine Früchte sammle. Und sprach: Das will ich tun: Ich will meine Scheunen abbrechen und größere bauen und will darin sammeln all mein Korn und meine Vorräte und will sagen zu meiner Seele: Liebe Seele, du hast einen großen Vorrat für viele Jahre; habe nun Ruhe, iss, trink und habe guten Mut! Aber Gott sprach zu ihm: Du Narr! Diese Nacht wird man deine Seele von dir fordern; und wem wird dann gehören, was du angehäuft hast? So geht es dem, der sich Schätze sammelt und ist nicht reich bei Gott.«*

Was meint Jesus damit? Was bedeutet es, »reich bei Gott« zu sein?

Jesus liefert selbst eine Erklärung dazu in der Bergpredigt.

Schätze des Himmels

Matthäus 6,20-21: »*Ihr sollt euch nicht Schätze sammeln auf Erden, wo sie die Motten und der Rost zerfressen und wo die Diebe einbrechen und stehlen. Sammelt euch aber Schätze im Himmel, wo sie die Motten und der Rost nicht zerfressen und wo die Diebe nicht einbrechen und stehlen.*«

Glücklich ist,
wer die Schätze des Himmels kennt.

Der Reichtum bei Gott beziehungsweise die Schätze des Himmels beziehen sich auf die nicht materiellen Werte. Verdeutlichen will ich es mit einem Erlebnis, das wir vor einigen Jahren in Israel hatten.

Wir waren mit einer Gruppe von 45 Personen in Israel. Einer Frau aus der Gruppe wurden etwa zur Halbzeit der Reise circa 500 Euro gestohlen. Wir alle waren davon sehr betroffen und haben mit ihr gelitten, sie getröstet. Wir luden sie immer wieder auch zum Essen ein oder ließen sie anderweitig an unseren Geldressourcen teilhaben.

Auch ein weiteres Mitglied der Reisegruppe wurde seines Geldbeutels beraubt. Drei Tage später waren wir dort, wo Jesus die Bergpredigt gehalten hat: auf dem Berg der Seligpreisungen, oberhalb des See Genezareth mit weitem Blick über das Land und die galiläischen Berge. Wir setzten uns nieder und lasen große Teile aus der Bergpredigt miteinander.

Dann kamen wir an die Stelle, wo Jesus vom Schätzesammeln und vom Diebstahl spricht.

»Ihr sollt euch nicht Schätze sammeln auf Erden, wo sie die Motten und der Rost fressen und wo die Diebe einbrechen und stehlen. Sammelt euch aber Schätze im Himmel … Denn wo dein Schatz ist, da ist auch dein Herz.«

Wir alle waren wie elektrisiert. Genau das hatten wir doch eben erst erlebt. Wir wussten, wie das ist, wenn die Diebe einbrechen und stehlen. Und nun spricht Jesus direkt in diese Situation hinein. Für uns alle war dies plötzlich hochaktuell. Spontan hielten wir inne. »Schätze im Himmel – was ist das?«, so fragten wir uns. Wir tauschten uns aus und trugen zusammen: Schätze des Himmels, das ist

- Versöhnung mit den Menschen um uns herum,
- Vergebung als Lebensstil,
- gestaltete Liebe,
- Frieden in den Lebensbeziehungen.

Der wichtigste Schatz des Himmels: wenn unser Herz an Gott hängt und er Nummer eins in unserem Leben ist oder wird.

Ein oder zwei Tage später kam die Frau, die bestohlen worden war, beim Frühstück zu mir und sagte: »Ich muss Ihnen etwas erzählen: Ich habe heute Nacht für den Menschen gebetet, der mich bestohlen hat, dafür, dass Gott ihm begegnet und ihn segnet. Und jetzt kann ich die Bitterkeit loslassen und mich wieder freuen.«

Diese Frau hat durch diese Reise mehr Schätze des Himmels erlebt als ohne dieses Erlebnis. Sie hat erlebt, was eine Gemeinschaft ist, die trägt. Sie hat auch persönlich Frieden mit dem Menschen, der sie bestohlen hat, geschlossen.

Das sind Schätze des Himmels:

- Wenn wir Menschen segnen können, die uns Böses getan haben.
- Wenn wir uns mit schlimmen Erfahrungen aussöhnen können.
- Wenn wir vor Gott über verletzenden Begegnungen Frieden finden können.

Solche Schätze machen unser Leben weitaus reicher als jeder äußere Reichtum.

Wie gehen wir also richtig mit Geld und äußerem Reichtum um? Die Bibel ist dafür ein guter Wegweiser: »Geben ist seliger als nehmen.« Diese Erfahrung kann jeder bestätigen, der es ausprobiert: *Tu einem Menschen einmal am Tag etwas Gutes und du wirst mehr Glück erleben als ohne diese Tat. Setze deinen Reichtum für andere Menschen ein und du wirst viel persönliches Glück daraus ziehen können.*

Glücklich ist,
wer andere glücklich machen kann.

Jesus sagt: »*Macht euch Freunde mit dem ungerechten Mammon, damit, wenn er zu Ende geht, sie euch aufnehmen in die ewigen Hütten*« (Lukas 16,9). Das bedeutet, dass wir unser Geld einsetzen sollen, um damit Freunde für das Reich Gottes zu gewinnen. Unser Geld einsetzen für Gottes Sache, anderen damit Gutes tun, Bedürftigen helfen, sinnvolle Projekte unterstützen, Stiftungen initiieren – all das macht glücklicher, als Geld für sich selbst und ständig neu entstehende Bedürfnisse zu verwenden.

GLÜCK UND GESUNDHEIT

Für das Glücksempfinden steht für viele die Gesundheit fast an erster Stelle. Natürlich ist Gesundheit wichtig. Wie schön ist es, einen gesunden Körper zu haben, sich an den Kräften und Sinnen zu freuen. Erst, wenn einem die Gesundheit genommen wird, wird bewusst, wie wichtig sie für Wohlbefinden und Glück ist.

Auch die Bibel macht deutlich, dass unser Lebensgefühl aufs Engste mit unserem Körper verbunden ist. Wir sind mit einem Leib ausgerüstet, der Schlaf, Essen, Trinken, Wärme, Kleidung benötigt.

Jesus wusste um die Grundbedürfnisse der Menschen. Deswegen machte er Menschen gesund (Johannes 5), stillte ihren Hunger (Johannes 6). Er schützte vor Gefahren und Angriffen (Lukas 8,24). Er schenkte Vergebung und stellte die Würde wieder her (Johannes 8). Er beendete die Zerrissenheit in der Seele, indem er Dämonen austrieb (Lukas 8,26 ff.; Markus 1,34).

Jesus kümmerte sich auch darum, dass seine Jünger genügend Schlaf bekamen und sich körperlich erholen konnten. »*Er sprach zu ihnen: Geht ihr allein an eine einsame Stätte und ruht ein wenig*« (Markus 6,31).

All das – Essen, Ruhe, Heilung – gehört zu den Grundbedürfnissen.

Hauptsache gesund?

Ein oft an Geburtstagen ausgesprochener Satz lautet: »*Das Wichtigste ist doch die Gesundheit.*« Oder: »*Hauptsache gesund!*« Natürlich ist Gesundheit wichtig. Oft wird uns erst dann, wenn wir krank sind, bewusst, wie selbstverständlich wir mit unserer Gesundheit umgehen.

Leider nutzen aber auch Scharlatane die Hoffnung auf Gesundung gerade bei chronisch Kranken oder Sterbenskranken aus. Häufig werden diesen Menschen extrem teure Geräte oder Medikamente verkauft und es wird ihnen versprochen, dass sie dadurch Leid vermeiden, wieder ganz gesund werden oder sogar dem Tod entgehen könnten.

Doch auch wenn wir gut mit unserem Körper umgehen, ist das keine Garantie für Gesundheit. Wir können dadurch nicht verhindern, dass wir krank werden und dass wir einmal sterben.

Vor einigen Jahren gab es einige interessante Untersuchungen zum Thema Ernährung und Gesundheit. Dabei stellten britische Forscher fest[62], dass Menschen bei cholesterinreduzierter Kost nicht länger lebten als andere. Zwei Vergleichsgruppen wurden über einen längeren Zeitraum beobachtet. Dabei stellte man fest, dass in der Gruppe derer, die cholesterinreduziert lebten, zwar die Anzahl der Todesfälle durch Herzinfarkt weniger wurde, dabei aber die verhaltensbedingten Todesfälle (Unfälle, Selbsttötungen) im gleichen Verhältnis zunahmen. Durch gesünderes Essen konnte der Todeszeitpunkt nicht verändert werden.

Wir sind für unsere Gesundheit nur zum Teil selbst verantwortlich. Viele Menschen sind jahrelang chronisch krank oder schon ein Leben lang von Krankheit betroffen – und dennoch haben sie ein erfülltes Dasein. Ihr Leben ist genauso wertvoll wie das gesunder Menschen. Gesundheit ist nicht das Wichtigste überhaupt. Für solche Menschen ist der Satz »Hauptsache gesund« eher wie eine Ohrfeige oder wie Hohn.

»Eine Untersuchung unter HIV-Patienten ergab, dass jeder Dritte sich glücklicher fühlte als vor der Diagnose. Sie waren optimistischer und zuversichtlicher, machten sich weniger finanzielle Sorgen. Viele der Befragten gaben auch an, sich stärker mit spirituellen Fragen zu beschäftigen, sich religiös mehr zu engagieren, indem sie beteten, meditierten. ... Sie entdeckten einen neuen Sinn in ihrem Leben und führten nach eigenen Aussagen ein befriedigenderes und ausgefüllteres Leben als vorher.«[63] Viele der Befragten sagten: Es gibt noch Wichtigeres, wie zum Beispiel »dass ich mich auch in der Krankheit geborgen fühle und im Frieden mit meinen Mitmenschen leben kann« – und was vielleicht am wichtigsten ist: dass ich mich von Gott gehalten weiß. Dass ich mich geborgen weiß in der Gewissheit, dass Gott auch im Leid da ist, dass er mein Leid kennt und mich dennoch liebt. Gerade Krankheitszeiten können ihren tiefen Sinn haben, mich neu orientieren, mich tiefer ins Fragen bringen und fester gründen. Kranke Menschen, so bestätigt auch die Glücksforschung[64], sind im Durchschnitt nicht unglücklicher als gesunde. Viele erzählen auch, dass sie gerade durch die Krankheit in einer viel tieferen Weise begriffen haben, wer Gott für sie ist und was der Sinn ihres Lebens ist.

Sehr eindrücklich ist, was Dora Chessex über ihr Leiden erzählte. Sie war vom Hals abwärts vollständig gelähmt, inzwischen ist sie gestorben. Sie erzählte auf einer Konferenz, dass sie zwar keinen Handgriff mehr tun kann, aber dass sie ihren Lebenssinn im Loben und Danken gefunden hat: »*Mein Loben wird oft nur ein Lob aus der Tiefe sein. Und doch tut Gott täglich für mich Gutes: Ich danke ihm für all die Menschen, die mir in so vielfältiger Weise helfen. Ich danke ihm auch dafür, dass er mir die Funktion der Sinnesorgane erhalten hat, dass ich wieder besser schlafen kann und wesentlich weniger Schmerzen habe als in den ersten Jahren nach dem Unfall. Ich danke Gott für die Schönheit der Natur, der Musik und für sein Wort, durch das er zu mir redet...*

Vor allem aber danke ich Gott dafür, dass er uns etwas viel wichtigeres und größeres gibt als Gesundheit: seinen Sohn unseren Herrn Jesus Christus, sein Wort der Vergebung und seine Gegenwart. Das einzige, was ich oft noch tun kann, ist dass ich bete für Menschen in der Ferne und in der Nähe, für Menschen in großen und kleinen Nöten, für Jesu Boten in aller Welt, für die, die um seines Namens willen leiden. Darin sehe ich meinen Sinn. So muss auch mein scheinbar zur Untätigkeit verurteiltes Leben nicht vergeblich sein.«[65]

An diesem Bericht wird deutlich, dass Menschen, die etwas Schlimmes erleben, in einer Weise getröstet und gehalten sein können, wie wir uns das nie im Voraus ausmalen könnten. Das kann uns zu einer Grundhaltung von Dankbarkeit, Zufriedenheit und Gelassenheit helfen – im Blick auf das, was wir an Unabänderlichem in unserem Leben vorfinden.

Glaube und Gesundheit

In sozialwissenschaftlichen Untersuchungen[66] wird immer wieder darauf verwiesen, dass gläubige Menschen weniger krank sind oder schneller wieder gesund werden.

Jesus selbst spricht schließlich davon, dass der Glaube an ihn gesund machen kann.

Zu einer Frau, die unter permanenten Blutungen litt, sagt er, nachdem er sie geheilt hat: »*Meine Tochter, dein Glaube hat dich gesund gemacht*« (Markus 5,34).

Einer kanaanäischen Frau, die ihn inständig anfleht, ihrer Tochter zu helfen, antwortet er: »*Frau, dein Glaube ist groß. Dir geschehe, wie du willst! Und ihre Tochter wurde gesund zu derselben Stunde*« (Matthäus 15,28).

Zu einem Synagogenvorsteher, der Jesus um Hilfe für seine sterbende Tochter bittet, spricht er: »*Fürchte dich nicht; glaube nur, so wird sie gesund!*« (Lukas 8,50).

Was bedeuten diese Aussagen von Jesus?

Jesus kann heilen. Er kann es heute noch genauso wie damals. Es gibt immer wieder Berichte von Menschen, die es erlebt haben, wie sie durch Fürbitte, Handauflegung oder auch durch eigene Gebete oder ärztliche Fähigkeiten wieder gesund geworden sind.

Aber das andere gibt es eben auch: Menschen beten um Heilung und bleiben krank oder sterben sogar. Was dann? Haben diese dann nicht richtig gebetet oder geglaubt?

Wie Jesus auf unsere Bitten antwortet, müssen wir ihm überlassen. Er kann heilen, aber manchmal spricht Jesus gerade durch schwere Zeiten sehr intensiv in unser Leben. In der Krankheit können wir ganz neue Erfahrungen mit ihm machen.

Ich hatte eine Freundin, die an Krebs erkrankt war. Immer wieder besuchte ich sie. Wenige Tage vor ihrem Tod machte ich nochmals einen Besuch bei ihr. Sie erzählte mir, dass kurz zuvor ihr Vater bei ihr gewesen sei und sinngemäß formuliert hätte: »Du hast dich nur auf die falschen Kräfte und Mächte eingelassen, darum bist du krank geworden. Hättest du dich mehr auf die positiven Engel-Energien und Heilkräfte der Natur konzentriert und danach gelebt, wärst du jetzt nicht an diesem Punkt.«

Diese Aussagen stürzten meine Freundin in eine tiefe Verzweiflung. Dadurch, dass ihr Vater ihr diese Vorwürfe machte, war sie sehr aufgewühlt. Wir sprachen über die Aussagen von Paulus im Römerbrief, in dem von den Mächten und Gewalten die Rede ist, da heißt es wörtlich: »*Denn ich bin gewiss, dass weder Tod noch Leben, weder Engel noch Mächte noch Gewalten, weder Gegenwärtiges noch Zukünftiges, weder Hohes noch Tiefes noch eine andere Kreatur uns scheiden kann von der Liebe Gottes, die in Christus Jesus ist, unserm Herrn*« (Römer 8,38-39).

Diese Verse machen deutlich: Keine Macht der Welt – egal ob emotionale Macht der Verzweiflung, ob Macht der Schmerzen oder esoterische Mächte – kann uns von Gottes Liebe trennen. Seine Liebe ist mächtiger. Schwere Krankheitszeiten können gerade durch die Erfahrung der Nähe und des Trostes Gottes zu Segenszeiten werden. Die Sehnsucht nach der Ewigkeit kann einen Horizont darüber hinaus öffnen. In Offenbarung 21,4 heißt es, dass es in der Ewigkeit keine Krankheit und keine Schmerzen mehr geben wird. Aber noch sind wir nicht dort. Krankheiten sind Ausdruck unserer Endlichkeit und Unvollkommenheit, Ausdruck der gefallenen Welt. Aber sie sind keine direkte Folge von schuldhaftem Verhalten. Auch Jesus verwehrt sich vehement gegen solches Denken: Es gibt keinen direkten Zusammenhang zwischen konkreter Sünde und Krankheit, sondern nur einen allgemeinen, keinen ursächlichen, sondern nur einen ursprünglichen.

Eine fromme Variante falscher Denkmuster gibt es auch: *»Hättest du genug gebetet oder intensiver geglaubt, wäre dir das nicht passiert.«* In einer biblischen Geschichte geht es um diese Thematik. Jesus begegnet einem Blindgeborenen. Seine Jünger fangen sofort an, Ursachenforschung zu betreiben: *»Meister, wer hat gesündigt, dieser oder seine Eltern, dass er blind geboren ist? Jesus antwortete: Es hat weder dieser gesündigt noch seine Eltern, sondern es sollen die Werke Gottes offenbar werden an ihm«* (Johannes 9,1 ff.). Der Zusammenhang zwischen Schuld und Krankheit wird von Jesus also verneint.

GLÜCK UND LEID

Was ist, wenn Leid ins Leben einbricht?

Dann verschwindet das Glück ja erst einmal.

Unglück ist vorherrschend. Kann Leid zum Glück beitragen? Im Rückblick sicher. Wenn wir Wege finden, durch das Leid das Leben in tieferer Weise zu verstehen, sich selbst und vielleicht auch Gott dadurch noch besser kennenzulernen, dann kann auch Leid zum Glück beitragen.

Wer Leid in sich hineinfrisst oder andere dafür verantwortlich macht, kann am wenigstens von Leid oder Krisen profitieren. Das gilt sowohl für gegenwärtige als auch für weit zurückliegende Erfahrungen. Immer wieder weisen Studien darauf hin, dass mit dem Klischee aufgeräumt werden muss, dass eine unglückliche oder leidbelastete Kindheit das spätere Leben komplett negativ beeinflusst.

George Vaillant[67] kommt in einer Langzeitstudie zu dem Ergebnis: In fortgeschrittenem Alter lässt sich kaum noch ein Einfluss der Kindheit feststellen. »Niemand ist ein Gefangener seiner Kindheit. Entgegen der weitläufigen Meinung bestimmt sie das Leben im Alter nicht.« Das gilt sogar für in der Kindheit schwer traumatisierte Menschen. Allerdings brauchen diese, um an diesen Punkt zu kommen, in aller Regel therapeutische oder kompetente seelsorgerliche Begleitung, damit die schweren Erfahrungen der Kindheit geheilt und dadurch in die persönliche Lebensbiografie integriert werden können.

Das Glück kommt aus dem tieferen Verstehen vom Sinn des Leids. Viele leidgeprüfte Menschen sagen im Rückblick: Die schwere Zeit möchte ich nicht missen. Sie war eine besonders kostbare Phase meines Lebens.

Glücksforscher Jonathan Haidt zeigt auf, dass der Gewinn der schweren Zeiten darin besteht, dass »sich verborgene Fähigkeiten zeigen, wenn man Herausforderungen annimmt, und indem man diese Fähigkeiten sieht, verändert sich das Selbstkonzept«.[68]

Menschen brauchen Verletzungen und Schicksalsschläge, »um ihre wahre Stärke zu finden, um erfüllt zu leben und um sich vollständig entwickeln zu können. Würde man alles Leid aus dem Leben eines Menschen verbannen, brächte man ihm damit kein Glück, man brächte ihn um das Beste, nämlich von den Widrigkeiten im Leben profitieren zu können«.[69]

Das gilt sowohl für weit zurückliegende Verletzungen aus der Kindheit als auch für Leiderfahrungen, die sich erst kürzlich ereignet haben.

Wie aber können wir von Leid profitieren und daraus lernen? Zunächst erschließt sich ja kein Profit aus Leid. Wer unter einer traumatisierten Kindheit oder auch unter einer dramatischen Veränderung der Gegenwart leidet, hat oft das Gefühl, dass manches versperrt ist, dass das Leben seine Leichtigkeit verloren hat. Es kann sein, dass Menschen aufgrund eines schweren Schicksalsschlages ihren Beruf oder ihre Aufgaben nicht mehr oder nur noch zum Teil ausüben können. Vielleicht haben sie auch das Gefühl, von wesentlichen Bereichen des Lebens ausgeschlossen zu sein.

Wenn das Leid erst vor Kurzem ins Leben eingebrochen ist, dann ist ein deutlicher Bruch zum Bisherigen entstanden. Das, was Freude gemacht hat, was Sinn gegeben, was glücklich und erfüllt gemacht hat, geht nicht mehr. Alles, was bisher Sicherheit und Verlässlichkeit gab, alles, was bisher zur Normalität oder Routine gehörte, verliert seine Gültigkeit und seine stabilisierende Wirkung.

Dann stehen Menschen da – vielleicht fassungslos, vielleicht enttäuscht oder auch frustriert, vielleicht verletzt, verunsichert, schockiert und natürlich unglücklich.

Zunächst einmal ist das verständlich und auch völlig normal. Die Seele kommt nicht mehr mit. Fragen tauchen auf: Wie konnte das passieren? Warum hat Gott das zugelassen? Wieso hat er es nicht verhindert? Wo war er? Hat er mich vergessen? Oder verlassen? Warum bin ich so unglücklich?

Abwehr

Gerade nach tiefen Einschnitten oder Brüchen gehört es dazu, dass sich die Seele wehrt. Es gibt verschiedene Abwehrreaktionen. Diese sind zunächst normal. Wenn sie sich aber als andauernde Verhaltensmuster verfestigen, dann verhindern sie Trauerarbeit und damit auch Reifen und Wachsen.

Diese Abwehrreaktionen können auch in einem therapeutischen Heilungsprozess auftauchen. Wenn Menschen sich darauf einlassen, ihre Kindheit oder weit zurückliegende Traumata aufzuarbeiten, kann es zu ganz ähnlichen Reaktionen wie in einer aktuellen Leidsituation kommen.

Solche Abwehrreaktionen muss man sich selbst oder anderen zunächst zugestehen und den damit verbundenen Gefühlen, Gedanken und Verhaltensmustern auch Raum geben.

Normale Abwehrreaktionen

Schock: »Das kann nicht wahr sein, oder? Das stimmt nicht! Ich habe mich verhört! Ich habe nur schlecht geträumt! Meine Sinne haben mir einen Streich gespielt.«

Verleugnung: »Er/sie kommt gleich wieder.« – »Mir geht es gut.« – »Wir haben kein Problem ... mit unserem Glauben ... in der Ehe ... in der Erziehung ... in unserem Arbeitsteam ...« – »Meine Kindheit war gut.«

Flucht in Arbeit: »Wenn ich mich mit Arbeit zudecke, muss ich an das andere nicht denken.« – »Wenn ich anderweitig beschäftigt bin, löst sich das Problem von selbst.« – »Wenn das andere nicht mehr funktioniert, kann ich mir wenigstens durch Arbeit Wert und Sinn geben.« Aufgaben und Arbeit sind in Krisenzeiten nicht grundsätzlich schlecht. Sie können in gewisser Weise auch Struktur und Halt geben und können ein Geländer sein, an dem ich entlanggehen kann. Wenn aber die Flucht in die Arbeit die Trauer oder einen Heilungsprozess verhindert und zu einer Blockade wird, um nicht grundsätzlich nachdenken zu müssen, wird solches Verhalten gefährlich.

Schuldgefühle: Sie entstehen häufig aus dem Gedanken heraus, das Geschehene gerne rückgängig machen zu wollen. Es ist fast so, als würden wir in eine Zeitmaschine einsteigen, um die Zeit zurückzudrehen: »Hätte ich besser auf meine Gesundheit geachtet...« – »Wären wir zu einem anderen Zeitpunkt aus dem Haus gegangen...« – »Hätten wir einen anderen Urlaubsort gewählt...« – »Hätte sie ein Auto gehabt...« – »Wären wir in ein anderes Krankenhaus gegangen...« – »Hätte ich doch besser aufgepasst!« – »Ich bin selbst schuld, dass mir das passiert ist; es geschieht mir gerade recht!« Dies kann am Anfang manchmal zeitweise auch heilsam und notwendig sein, um der Seele eine Verschnaufpause zu gönnen. Gerade Kinder gehen (manchmal auch unbewusst) an den Punkt zurück, an dem ihre Welt noch in Ordnung war: durch das Hören von Kinder-CDs (für die sie eigentlich zu alt sind) usw.

Wut: Auch Wut ist zunächst normal – es ist die Reaktion der Seele auf das Unfassbare. Wut kann sich gegen Gott richten, gegen den Täter, gegen den Verursacher des Leids. Oft sind Hinterbliebene auch auf den/die Verstorbene wütend. Selbst dann, wenn er/sie gar keine Schuld am eigenen Tod hat. Die Seele fühlt: »*Er/sie hat mich verlassen – warum wurde mir das angetan?*« Wut darf zugelassen werden, aber sie ist nur ein vorgeschobenes Gefühl, dahinter ist der eigentliche Schmerz verborgen. Zu dem müssen wir vordringen: zur Trauer und zur Klage.

Selbstmitleid: Selbstmitleid kann ein Abwehrmechanismus sein. Selbstmitleid ist das Gegenteil von Trauer und fixiert uns auf uns selbst. Denn im Selbstmitleid drehe ich mich um mich und meine Verletzungen. Statt zu trauern und zu klagen, stelle ich mich selbst in den Mittelpunkt, bemitleide mich selbst und wünsche mir, von anderen bedauert zu werden. Auf diese Weise mache ich andere von mir abhängig, ich vermittle meinen Mitmenschen Schuldgefühle. Oft hört man von selbstmitleidigen Menschen: »*Ich habe niemand, der sich um mich kümmert.*« Ähnlich formuliert es übrigens der Kranke am Teich Bethesda (Johannes 5,7): »*Ich habe keinen Menschen ...*«

Rückzug: Der Rückzug von anderen Menschen kann zunächst auch gut sein. Es kann helfen, sich und sein Leben neu zu sortieren und Trost von Gott zu erfahren. Dazu können Rückzugszeiten heilsam sein. Wenn jemand aber vorher ein kommunikativer Typ war und nun Rückzug das normale Verhaltensmuster wird, dann muss man sich fragen, ob nicht Angst oder Bitterkeit, Enttäuschung oder Frustration vorherrschend werden und dadurch eine innere Verhärtung ins Leben kommt.

Oft wird man von anderen nicht verstanden und bekommt oberflächliche Ratschläge – oder zwar vielleicht gut gemeinte, aber dennoch sehr verletzende Trostworte. Ein weiterer Grund für den Rückzug kann sein, dass Mitmenschen uns ausweichen – meist aus Hilflosigkeit oder auch aus Scham – und wir uns dadurch abgewertet oder ausgeschlossen fühlen.

Hilfen

In der chinesischen Schrift ist das Wortzeichen für Krise aus den zwei Wortteilen für »Chance« und »Gefahr« zusammengesetzt. Das trifft es ziemlich gut. Jede Krise kann sich positiv oder negativ auswirken, einen guten oder einen schlechten Ausgang haben, zur Chance oder zur Gefahr werden.

Zur Gefahr wird eine Krise dann, wenn sich diese zunächst normalen Reaktionen verfestigen und ich nicht zum

Wachsen und Reifen finde und im Unglück hängen bleibe. Doch wie kann eine Krise auch zu einer Chance werden? Wie kann nach einer Krise auch wieder Glück ins Leben kommen?

Sich öffnen für Schmerz und Trauern

Eine Krise, ein Bruch oder das Anschauen der leidvollen Vergangenheit kann sehr wehtun. Wenn wir anfangen, zu trauern, dann fühlen wir uns oft hilflos und ohnmächtig. Wir fühlen uns verloren.

Vielleicht haben wir auch Angst vor starken und schlimmen Gefühlen, vor unseren Tränen, vor der Verzweiflung oder auch der Trostlosigkeit.

Darum geraten wir gerade in solchen Prozessen oft erst einmal in Wut und Aggression, um nicht in den tiefen Schmerz hineinzugeraten. Manche Christen meinen auch, sie müssten oder dürften nicht trauern, weil doch »Gott ein Gott des Trostes ist« oder weil sie einen »großen Glauben« haben und dann alles mit Glaubensstärke schon irgendwie bewältigen könnten. Wer so denkt, belügt sich selbst und auch Gott. Denn Gott ist ein Gott der Echtheit und der Ehrlichkeit.

Er möchte in die Tiefen unserer Seele hinuntersteigen dürfen und uns auch im letzten Winkel des Schmerzes und der Klage begegnen. Wir dürfen trauern und klagen. Über dem, was geschehen ist und auch über dem, wo andere an uns schuldig geworden sind. Ein Weg zur Versöhnung führt über das Betrauern vor Gott.

Gerade dafür brauchen wir oft auch Zeiten des Rückzugs und des Alleinseins mit Gott. Damit die Klage vor Gott gebracht werden kann. Gott will uns für solche Zeiten den Schutzraum seiner Gegenwart geben. In den tiefsten Stunden der Verzweiflung und Traurigkeit will und kann er uns ganz nahekommen.

Die Bibel ist voll von Beispielen dafür. Sie enthält Klagepsalmen und Klagelieder. Darin wird gezeigt, wie ehrlich und echt Menschen im Schmerz vor Gott sind. Die Botschaft an uns lautet: Wir dürfen wütend sein und traurig. Wir dürfen über das, was uns passiert ist, klagen. Gott nimmt uns, bildlich gesprochen, wie ein kleines Kind auf den Schoß und hält uns fest.

Im Gebet dürfen wir den Schmerz vor Gott ausbreiten, ihn herausschreien. Wir dürfen zeigen, wie uns zumute ist. Wir dürfen die Klage zu Gott bringen und erfahren dann Entlastung unserer Seele. Gott will das Zerbrochene heilen. Er umarmt jeden, der weint. Heilung von Verletzungen geschieht immer auch über Trauern und Weinen.

In Psalm 62,9 steht: »*Hoffet auf ihn allezeit, liebe Leute, schüttet euer Herz vor ihm aus; Gott ist unsre Zuversicht.*«

Das Ausschütten des Herzens können wir uns ganz bildlich vorstellen: wie das Ausschütten von Schmutzwasser aus einem Putzeimer. Das kippen wir fort. Wir lassen es nicht im Eimer stehen, bis es stinkt. Der Psalm ermutigt uns dazu, unser Herz mit seinem ganzen Schmerz zu Gott hinzukippen.

Das ist der tiefste Segen des Leidens, dass es Raum macht für Gott.

Dora Rappard

Jede Krise soll uns dahin führen, Gott tiefer und besser kennenzulernen und so für das Leben eine neue Sichtweise zu gewinnen. Im Klagen und Hinschütten des Schmerzes zu Gott wird Platz geschaffen für Neues. Altes loslassen und Neues empfangen bedingen sich gegenseitig.

Gottes Trost hören

Dieses »Raummachen für Gott« ist wohl eines der wichtigsten Dinge im Leid: Gottes Reden neu hören und darin dann auch aufgefangen und getröstet werden, neue Perspektiven und neue Sichtweisen bekommen. Das kann eine tiefe Erfahrung von Glück mitten im Leid sein. Gott tiefer verstehen, ihm wie einem Licht im dunklen Keller begegnen.

Solches Echtsein vor Gott öffnet dann auch das Herz für das Trösten Gottes. Dies kann oft auch auf ganz unerwartete Weise geschehen: durch etwas, das Freude macht, durch ein Wort eines Menschen, durch einen schönen Anblick, durch ein Gefühl der Geborgenheit, durch ein Wort der Bibel, durch eine Zusage der Vergebung, durch einen Traum, innere Bilder oder Eindrücke, durch ein Musikstück.

Wer selbst von Gott getröstet wurde, kann andere Menschen in vergleichbaren Situationen verstehen und ihnen zu einer Stütze werden. Wer selbst gelitten hat, muss nicht mehr stark sein, weiß nicht »alles besser«, sondern kann sich neben den anderen stellen und mit ihm leiden. Nicht Mitleid, sondern Mitleiden tröstet. Nicht die guten Ratschläge helfen, sondern der Versuch zu verstehen. Und einfach da zu sein.

Der tiefste Trost aber geschieht immer durch Gott selbst. Wer von Gott getröstet wurde, versteht die Seligpreisung der

Bergpredigt besser: »*Selig sind, die da Leid tragen, denn sie sollen getröstet werden*« (Matthäus 5,4).

Was ich im Leid an Trost und Reden Gottes erfahre, ist oft weit mehr als das, was in guten Zeiten zwischen Gott und mir geschieht. Gottes Zusagen und Gottesbegegnung im Leid legen die Fundamente meines Lebens tiefer.

Sich mit der veränderten Situation auseinandersetzen

Es kann sehr hilfreich sein, genauer anzuschauen, was eigentlich geschehen ist. Etwas Schlimmes ist passiert. Mein bisheriges Leben ist in seinen gewohnten Abläufen zum Teil massiv gestört oder durcheinander.

Paul Tournier, ein christlicher Psychotherapeut[70], verglich diesen Moment im Leben mit dem Weg eines Fußgängers von einer zur anderen Straßenseite. Er beobachtet, wie ein Fußgänger die Straße überquert. Am Anfang geht er schnell und am Schluss geht er ebenfalls schnell, aber in der Mitte der Straße zögert er. Denn für den Fall, dass gerade dann, wenn er in der Straßenmitte ist ein Auto daherbraust, dann weiß er nicht so recht, wohin er sich orientieren soll. Soll er zur alten Straßenseite zurücklaufen oder hinüber zur neuen Straßenseite?

»In der Wegmitte liegt eine Zone der Ungewissheit«[71], sagt Tournier. Es ist genau die Situation, die durch eine Krise entsteht, durch einen Bruch oder Zerbruch und auch in einem Heilungsprozess. Das Alte, Bisherige ist nicht mehr da oder gilt nicht mehr. Es zählt nicht mehr, geht nicht mehr. Doch das Neue ist noch unbekannt. So fühlen sich Menschen nach einem Bruch in der Wegmitte ungeborgen und unsicher. Der schwierigste Punkt in Veränderungsprozessen ist die Stelle, an dem wir von einem Ort zum anderen unterwegs sind. Vom Loslassen des Alten geht es zum Neuen hin. Das Neue kennen wir noch nicht, das Alte geht nicht mehr. In der Mitte zwischen den beiden Stützen, wo das Vertraute nicht mehr zu uns gehört und das Neue noch nicht erreicht ist, sind Angst, Unsicherheit und Haltlosigkeit. Die Seele steht zwischen dem Alten und dem Neuen und ist gespalten.

Dies sind Situationen, in denen wir Hohlräume, Leerläufe und vielleicht sogar Sinnlosigkeit erleben. Später werden wir manches vielleicht auch als neuen Freiraum erleben. Ungewohntes Neues wird möglich. Auch das kann Angst machen. Aber zunächst ist nur das Gefühl von Heimatlosigkeit da.

Paul Tournier fasst zusammen: »Denn das ist das eigentliche Gesetz der Entwicklung, dass das Morgen dem Gestern nicht gleicht, und daraus entsteht Angst für das Heute. Jeder Gegenwartsaugenblick ist eine ›Wegmitte‹ zwischen Vergangenheit und der Zukunft.«[72]

Bevor das neue Ufer, die neue Straßenseite kommt, bevor das Neue vertraut und irgendwann hoffentlich auch zur neuen Heimat wird, müssen wir das Alte aufgeben. Dabei müssen wir durch die Zone der Ungewissheit. Daran kommt niemand vorbei.

Wir hätten es gerne andersherum: zuerst das Neue empfangen und dann das Alte loslassen können. Aber das Leben funktioniert so nicht. Wir müssen erst loslassen und heraus aus dem Alten, bevor sich neue Wege und neue Horizonte auftun.

Solche Zeiten sind nicht leicht, wir müssen warten lernen, Fragen und Zweifel aushalten, den Schmerz und den

Verlust anschauen. Wenn wir uns dem stellen, was wegge-brochen ist und so wehtut, dann kommt unweigerlich die Frage auf: Was bin ich ohne das Bisherige? Ohne den Menschen, ohne die Kraft, ohne die Gesundheit, ohne die Aufgabe, ohne die bisherige Wertschätzung, ohne die Lust und Freude, die bis dahin mit einer bestimmten Tätigkeit oder mit Beziehungsabläufen verbunden war?

Grundsätzliche Lebensfragen tauchen dann auf: Wer bin ich vor Gott? Worauf gründet sich jetzt mein Wert? Was bedeutet es in dieser neuen, veränderten Situation, dass Gott immer noch Ja zu mir sagt? Wie hilft mir das Wissen, dass ich in seinen Augen trotzdem wertvoll bin? Und was macht der Gedanke mit mir, dass es Zukunft und neue Perspektiven für mich gibt, auch wenn ich diese noch nicht erkenne?

Es kann sehr guttun, auch mit anderen, vertrauten Menschen darüber im Gespräch zu sein.

Es hilft, wenn man Menschen hat, denen man erzählen darf, wie man sich fühlt, was schwerfällt, was wehtut. Wichtig ist dabei auch der Gedanke: Es darf wahr sein, dass es mir im Moment schlecht geht.

Die Veränderungen annehmen

Irgendwann kommt der Punkt nach Brüchen und Krisen, an dem wir uns der »neuen Straßenseite« nähern. Das Neue ist uns dann näher als das Alte. Langsam stellen wir uns darauf ein, dass wir nicht mehr in das Alte oder in das Vorige zurückkönnen.

Doch es gibt die oben beschriebene Falle der »Zeitmaschine«, in die wir immer wieder tappen und die verhindert, dass wir im Neuen ankommen. Wir stellen uns vor, wie wir das schlimme Ereignis oder die Diagnose hätten verhindern können.

Doch solche Gedankenlabyrinthe helfen dann nicht weiter, denn sie halten uns in Schuldgefühlen und Vorwürfen zurück und verhindern so die eigentliche Trauerarbeit. Sie verhindern zudem die Begegnung mit Gott, in der wir das Schwere wahr sein lassen.

Das »Anwenden der Zeitmaschine« lässt ja gerade das Schwere nicht wahr sein. Es ist der Versuch, dem Schmerz auszuweichen und in Gedanken in das »Bessere oder Vertrautere davor« zurückzukehren.

Wenn wir zur neuen Straßenseite gehen wollen, müssen wir den Bruch, das Leid wahr sein lassen. Nur so können wir die »alte Ära« hinter uns lassen.

Darum brauchen wir für die belastenden Bilder und Gedanken Gegenbilder, die wir uns von Gott geben lassen können, den Gedankenstopp (siehe S. 31 ff.).

Wir dürfen den belastenden und herabziehenden Gedanken und Gefühlen ein Bild entgegenstellen, das Gottes Wahrheit ausdrückt. Er will eine Schutzmauer um uns aufrichten, damit wir nicht in den Strudel der negativen Gedanken hineingeraten.

Darum: Jedes Mal, wenn Belastendes, Angstmachendes, Bedrückendes in uns auftaucht, dürfen wir dem im Namen Gottes ein Stopp setzen.

Viele hilfreiche Gegenbilder gibt es dazu in der Bibel: *Wir haben keine Verfügung über unser Leben, auch nicht über den Zeitpunkt des Todes.*

Gott setzt Anfang und Ende und nicht wir Menschen.

Aus persönlicher Erfahrung sage ich: *Menschen sterben nicht an einer Krankheit oder einem Unfall oder an schuldhaftem Verhalten eines Menschen, sondern am Willen Gottes.*

Wo ich schuldig geworden bin, gelten mir Gottes Erbarmen und seine Vergebung. Keine Schuld ist so groß, dass Gott sie nicht vergeben kann. Er reicht uns immer die Hand zum Neuanfang.

Wo andere an mir schuldig geworden sind, darf ich Schritte zur Versöhnung machen.

Ich und ebenso meine Mitmenschen sind auch im Schweren unter Gottes Fürsorge aufgehoben. Das Ziel unseres Lebens ist nicht die Perfektionierung oder Vervollkommnung unseres Lebens hier auf dieser Erde, auch nicht permanentes Glück, sondern das Zugerüstetwerden für die Ewigkeit.

Der Abschied von Schuld und Schuldgefühlen und der Abschied von Zeitwanderungen, die mit Vorwürfen belastet sind, helfen uns zum Wachsen und Reifen. Nur so können wir uns zu neuen Ufern aufmachen.

Solche Erfahrungen verändern uns. Sie geben uns einen neuen Blick auf das Leben, einen realistischeren, ehrlicheren, weiseren Blick: Das Leben ist nicht so, wie ich es mir vorstelle, es ist deswegen nicht schlechter für mich – nur anders. Trotzdem sind in alldem Gottes Weisheit und seine Liebe am Werk. Er liebt mich auch in den Tiefen und hält mich. Zum Leben gehören der Tod und das Leid, die Schattenseiten des Lebens. Unsere Dankbarkeit ist dann immer wie ein Spiegel der Tiefe, die wir durchschritten haben. Wir nehmen vieles nicht mehr so selbstverständlich hin.

Wir bekommen auch einen neuen Blick auf uns selbst.

Unsere Persönlichkeit reift an jeder durchgestandenen Krise.

Wir lernen uns selbst besser kennen – vieles, was uns bisher angeblich Sicherheit gegeben hat, verschwindet. Es wird uns genommen. Dadurch können wir mit anderen Menschen barmherziger und verständnisvoller umgehen.

Wir bekommen auch einen neuen Blick auf Beziehungen. In Krisen zeigt sich, wer wirkliche Freunde sind. Es wird deutlich, wer mittragen und mitleiden kann und auf wen man sich auch in späteren Zeiten verlassen kann.

Und wir lernen vielleicht auch Gott besser kennen. Unser Bild von Gott wird korrigiert. Gott ist nicht der Automat, in den ich oben ein Gebet wie eine Münze einwerfe, und unten kommt das Ergebnis nach meinen Wünschen heraus. Gott ist unverfügbar. Und wenn die Botschaft kommt: »*Mein Glaube war falsch, wenn ich in eine Krise komme – wenn ich richtig geglaubt hätte, würde es mir immer gut gehen*«, – dann weiß ich nach durchlittenen Krisen: »*Mein Glaube ist durch diese Zeit gereift – ich bin dadurch gewachsen und weiß, worauf ich mich verlassen kann.*«

Gott ist ja selbst der leidende Gott. Er hat die tiefsten Dunkelheiten des Menschseins durchlitten, in Gethsemane und am Kreuz – für uns. Darum ist er da, neben mir, unter mir, er trägt mich, er steht mir zur Seite. Er weiß, was Leiden und Dunkelheit ist und lässt uns nicht allein. Gerade in den allertiefsten Nächten kann er mir darum besonders nahe sein.

Er hat ein Ziel mit unserem Leben und will uns helfen, dass wir die Veränderungen des Lebens als Chancen sehen. Er möchte, dass wir uns zum Reifen und Wachsen öffnen. Dieses Reifen und Wachsen ist immer ein schmerzhafter Prozess, aber auch ein notwendiger. Kein Leben ist frei von solchen Herausforderungen.

Über Umbrüche und manche Zerbrüche, über Krisen und Leid will Gott uns auch zu neuen Aufbrüchen in unserem Leben führen. Im Rückblick werden wir den Segen entdecken können, der in schweren Zeiten in unserem Leben gewachsen ist. Manch einer hat so formuliert: »*Ohne diese*

Krise wäre ich nicht zur Besinnung gekommen.« Oder: *»Ohne diese Krankheit hätte ich Gott nicht kennengelernt.«*

Im Rückblick werden wir vielleicht sogar einmal sagen können: *»Ich danke Gott für diese schwere Zeit.«* Zu dieser Erkenntnis kann ich aber immer nur selbst kommen, das können andere mir nicht sagen. Wenn wir mitten im Leid stecken, können wir das oft nicht sehen und erkennen. Erst im Rückblick erkennen wir den Sinn solcher Zeiten. Es ist unbarmherzig, wenn wir Menschen, die von Leid betroffen sind, das sagen, was sie erst viel später begreifen können.[73]

Solche durchgestandenen Lebenskrisen tragen im Rückblick wesentlich zum Glück des Lebens bei, denn sie stabilisieren uns. Menschen, die durch schweres Leid gegangen sind, wissen besser, worauf es im Leben ankommt und woran sie ihr Leben festmachen können. Sie haben erfahren, was trägt und an wen sie sich halten können. Leid ist manchmal wie eine Kelter: Es presst die Essenz aus dem Leben heraus.

GLÜCK UND TOD

Viele Menschen denken: *Glücklich ist, wer nicht sterben oder nicht an den Tod denken muss.* Doch dies ist ein Trugschluss. Die Tabuisierung und die Verdrängung des Todes machen uns nicht glücklicher. »Der Tod ist die Grenze des Lebens und gibt dem Leben genau damit die Form, das sich ansonsten in Formlosigkeit verlieren würde.«[74]

Tod und Glück haben viel miteinander zu tun. Denn das Wissen um die eigene Sterblichkeit relativiert vieles, was uns wichtig scheint. Einschneidende Erlebnisse, Lebenskrisen oder Krankheiten erinnern uns immer wieder an die Endlichkeit des eigenen Lebens. Damit haben sie ihren guten Sinn: Die Fundamente werden tiefer gelegt, vieles Oberflächliche wird einem genommen, und das Eigentliche bleibt – das Wesentliche, das Wichtige.

Wir kommen bei der Frage nach dem Glück im Leben auch weiter, wenn wir uns der Begrenztheit unseres Lebens bewusst werden. Wer das Ende des Lebens, den Tod aus dem Leben drängt, verliert sozusagen die »Rahmenbedingungen«.

Nicht nur in schweren Zeiten ist es eine Hilfe, sich bewusst zu machen, dass wir nach dem Tod eine Berufung für die Ewigkeit haben. Auch in guten Zeiten verhilft der Blick auf die Ewigkeit zu mehr Gelassenheit und Dankbarkeit.

Platon sagte: »Nichts ist entsetzlicher als unendliches Leben – denn in einem solchen Leben wäre alles ausnahmslos gleichgültig.«[75] Manfred Lütz meint dazu: »Platon hielt unendliches Leben für die Hölle. Erst durch den unausweichlichen Tod wird jeder Moment des menschlichen Lebens bedeutsam und einmalig … wenn ich einen Menschen jetzt beleidige, wäre es gleichgültig, denn in fünfhundert Jahren würde ich mich gewiss wieder mit ihm versöhnen. Wenn ich einen Menschen jetzt erfreue, wäre es ebenso gleichgültig, denn in tausend Jahren würde ich ihn gewiss wieder betrüben. Alles wäre gleichgültig und belanglos.«[76]

Darum ist es gut, wenn uns unsere Sterblichkeit bewusst ist und wir den Tod in unser Leben mit einbeziehen. Denn nur so können wir richtig leben lernen.

Richtiges Leben ist immer beides: ein Schöpfen und Nehmen und ein Loslassen und Hergeben. Wenn wir den Tod in unser Leben mit einbeziehen wird uns das Wesentliche bewusster.

Manfred Lütz: »Wer näher am Tod ist, ist auch näher am Leben.«[77] Wer den Tod und die Ewigkeit verdrängt, verpasst das Leben. Jeder Tag ist unwiederholbar. Sich über den Tod bewusst sein, macht auch das Leben bewusster.

Die eigentlichen Werte kommen auf diese Weise zum Vorschein. Am Ende des Lebens müssen wir einmal alles lassen – darum kann das Leben im Heute und Hier schon ein Einüben auf das letzte Gehen sein.

Von Sterbenden kann man lernen, denn im Sterben kommt heraus, was schon immer im Leben da war, was getragen hat, was wichtig war. Wenn Christus mitten im Leben war, wird er auch im Sterben sichtbar – auch für die, die zurückbleiben.

Mozart schrieb an seinen Vater (mit 31 Jahren): »Da der Tod (genau zu nehmen) der wahre Endzweck unseres Lebens ist, so habe ich mich seit ein paar Jahren mit diesem wahren, besten Freunde des Menschen so bekannt gemacht, dass sein Bild nicht alleine nichts Schreckendes mehr für mich hat, sondern recht viel Beruhigendes und Tröstendes – Und ich danke meinem Gott, dass er mir das Glück gegönnt hat, mir die Gelegenheit zu verschaffen, ihn als den Schlüssel zu unserer wahren Glückseligkeit kennen zu lernen. Ich lege mich nie zu Bette, ohne zu bedenken, dass ich vielleicht (so jung ich bin) den anderen Tag nicht mehr sein werde. – Und es wird doch kein Mensch von allen, die mich kennen, sagen können, dass ich mürrisch oder traurig wäre. Und für diese Glückseligkeit danke ich alle Tage meinem Schöpfer und wünsche sie von Herzen jedem meiner Mitmenschen.«[78]

Sich mit dem Gedanken an den Tod und die Ewigkeit anzufreunden, bedeutet nicht Feindschaft mit dem Leben. Im Gegenteil: Es hilft, die wahren Werte des Lebens besser zu erkennen, selektiver zu leben, deutlich zwischen wertvoll und nicht wertvoll zu wählen.

Zum Glück unseres Lebens trägt ein Blick in die biblischen Bilder der Ewigkeit bei. Dieser Blick gibt eine andere Perspektive auf unser Leben. Perspektive heißt wörtlich Durchblick. Von der Ewigkeit auf das Heute und Hier schauen gibt uns andere Definitionen und Deutungen – auch für manches Schwere. Die biblischen Bilder der Ewigkeit können trösten. In der Bibel wird der Blick dafür geöffnet, dass Gott unter uns »wohnen«, wörtlich »zelten« wird (Offenbarung 21,3). Ganz nah wird er bei uns sein, es wird kein Leid mehr geben, kein Geschrei, keinen Krieg und keine Wunden mehr, keine Unterstellungen und üble Nachrede mehr, keine Verleumdung und kein Hass unter den Menschen.

Wir werden dort mit Verletzungen und Lebenswunden ankommen, auch das steht so in der Bibel. Aber dann wird Gott uns die Tränen abwischen (Offenbarung 21,4). Er wird uns tiefer trösten, als wir das hier auf der Erde je erfahren haben, und wir werden erleben, was wahres Glück ist. Alle irdischen Glückserfahrungen sind nur ein kleiner Vorgeschmack auf das Glück, das wir dort erleben werden. Wenn wir hier Glück erleben, können wir weiterdenken: In der Ewigkeit wird das Glück unvergleichlich größer sein – unvorstellbar. Unser Leben wird erfüllt sein. Wir werden Frieden haben, Ruhe bei Gott. Das Zerbrochene und Kaputte wird von uns abgefallen sein. Wir werden mit Gott im Gespräch sein, werden ihn von Angesicht zu Angesicht sehen. Wir werden tiefes Geliebtsein erfahren und von tiefer Dankbarkeit erfüllt sein.

Das ist das Ziel, auf das wir zugehen – und alles, was wir hier auf dieser Welt an Leid erleben, wird nichts sein im Vergleich zu der Herrlichkeit, die wir dort erleben werden.

Paulus schreibt in Römer 8,18: »*Denn ich bin überzeugt, dass dieser Zeit Leiden nicht ins Gewicht fallen gegenüber der Herrlichkeit, die an uns offenbart werden soll.*«

Er benützt dabei das Bild einer alten Waage mit zwei Schalen. Er wirft dann bildlich gesprochen in die eine Waagschale unser persönliches Leid. Es kann sein, dass die Waage dadurch völlig aus dem Gleichgewicht gerät. Doch dann legt er in die andere Waagschale die zukünftige Herrlichkeit und wieder gerät die Waage aus dem Gleichgewicht, aber in die andere Richtung. Paulus kommt dann zu der Schlussfolgerung: Die zukünftige Herrlichkeit ist so viel gewichtiger, dass das persönliche Leid im Vergleich dazu »federleicht« wird. Er sagt damit nicht, dass der persönliche Schmerz weg ist oder nicht ernst genommen wird, sondern, dass die zukünftige Herrlichkeit um so vieles gewichtiger und bedeutsamer ist als unser persönliches Leid.

Die beste Konsequenz, die wir daraus ziehen können: unser Herz im Himmel verankern und mit beiden Füßen fest auf dem Boden bleiben. Wer sich auf die Ewigkeit freut, der kann erst richtig leben. Und der kann meist auch mit den schweren Erfahrungen besser umgehen.

Glücklich ist,
wer die Sehnsucht nach der Ewigkeit
im Herzen hat.

ZEHN GEBOTE UND GLÜCK

Wenn wir in der Bibel nach Glücksbedingungen schauen, dann gehören die Zehn Gebote unbedingt mit dazu. Sie sind Leitlinien für gelingendes Leben und zugleich Kennzeichen des befreiten Lebens. Sie beginnen mit dem Satz: *»Ich bin der Herr, dein Gott, der ich dich aus Ägyptenland, aus der Knechtschaft, geführt habe«* (2. Mose 20,2).

Die kurzen Verbote auf der zweiten Tafel sind daraus die Konsequenz: Da ich dich aus der Gefangenschaft befreit habe, morde nicht... Wenn du in Gemeinschaft mit mir lebst – stehle nicht...

Die Zehn Gebote sind kein erhobener Zeigefinger, sondern Hilfestellungen zum Leben. Man kann sie mit einem Geländer vergleichen, das Halt gibt und vor Abgründen schützt. Gerade, wenn wir in unwegsamem oder gefährlichem Gelände unterwegs sind, sind wir dankbar für Schutzmarkierungen und Hilfestellungen. Genauso sind die Zehn Gebote zu verstehen. Sie sind »Ermöglichungen« zum Leben. Wer sich daran orientiert, macht die Erfahrung, dass das Leben besser gelingt. Somit sind sie auch ein Beitrag zum Glück.

Schon in der frühen Christenheit wurde das zweite Gebot (Du sollst dir kein Bildnis machen von Gott...) in den meisten Kirchen aus der Reihe der Zehn Gebote gestrichen.

Zwei Gründe waren dafür ausschlaggebend:

- Gott hat uns in Christus ein Bild von sich gegeben.
- Bilder, Skulpturen und Symbole waren in der frühen christlichen Kunst eine gute Möglichkeit, Glaubensinhalte zu vermitteln. Bildhafte Darstellungen gab es im alten Israel nicht, sie waren aber in der hellenistischen Umwelt der ersten christlichen Generationen üblich.

Ich werde in der nun folgenden Darstellung der Zehn Gebote das zweite (biblische) Gebot mit hineinnehmen. Deswegen wird sich ab dem zweiten Gebot die aus dem katholischen und lutherischen Bereich bekannte Zählung verschieben.

Die Zehn Gebote wurden Mose auf zwei Tafeln übergeben. Die beiden Tafeln haben zwei unterschiedliche Themenbereiche und auch einen sehr unterschiedlichen Charakter. Auf der zweiten Tafel sind alle Gebote kurz und prägnant. Auf der ersten Tafel sind sie ausführlich und teils mit langer Begründung. Die ersten fünf Gebote beziehen sich auf das Verhältnis zwischen Gott und Mensch. Die zweite Tafel bezieht sich auf das Verhältnis zwischen Mensch und Mensch, beginnend mit dem Tötungsverbot.

Erstes Gebot

»Ich bin der Herr, dein Gott, der ich dich aus Ägyptenland, aus der Knechtschaft, geführt habe. Du sollst keine anderen Götter haben neben mir.«

Dieses Gebot ist die Rahmenbedingung oder die Klammer um unser gesamtes Sein. Menschen sind auf Beziehung zu Gott hin angelegt. Er ist unser Schöpfer und er möchte, dass er und nur er verehrt und angebetet wird.

Er ist es, der uns trösten kann, uns Halt geben und unser Leben auf sich hin konzentrieren will. Er will Mitte des Lebens sein, von dem aus sich unser Leben wie in konzentrischen Kreisen ordnet. Gott als Ausgangspunkt unserer Entscheidungen, als Basis, auf der wir stehen, als Schutzmantel um unser Sein.

Niemand kann uns das geben, was er kann. Ein Glücksfaktor, den dieses Gebot beschreibt, ist die Ausrichtung unseres ganzen Seins auf ihn, Gott, hin.

Psalm 73,28 (EU) bekennt: »Gott nahe zu sein ist mein Glück.«

Zweites Gebot

»Du sollst dir kein Bildnis noch irgendein Gleichnis machen, weder von dem, was oben im Himmel, noch von dem, was unten auf Erden, noch von dem, was im Wasser unter der Erde ist: Bete sie nicht an und diene ihnen nicht! Denn ich, der Herr, dein Gott, bin ein eifernder Gott, der die Missetat der Väter heimsucht bis ins dritte und vierte Glied an den Kindern derer, die mich hassen, aber Barmherzigkeit erweist an vielen tausenden, die mich lieben und meine Gebote halten.«

Dieses Gebot richtet sich gegen den Versuch des Menschen, Gott fassen, greifen, sehen und begreifen zu wollen, um dann Gott zu »haben«. Jedes Götterbild war der Versuch, sich Gott verfügbar zu machen. Der Schlüsselsatz dieses Gebotes lautet: »Bete sie nicht an und diene ihnen nicht.« Dieses Gebot wehrt sich dagegen, sich Heil und Macht bei selbst gemachten Glücksbringern zu holen, seien es Amulette oder Reliquien, religiöse oder esoterische Gegenstände.

Manche Menschen richten sich nach dem Horoskop oder nach Wahrsagern und hoffen, dass sich deren Prophezeiungen erfüllen oder eben auch nicht. Infolge davon wird der ganze Alltag daraufhin durchforstet, ob Entsprechendes passiert oder eben auch nicht. Eine starke innere Fixierung kann daraus entstehen und zutiefst unglücklich machen. Ähnliche innere Besetzungen können durch den Mondkalender entstehen. Wer sich danach ausrichtet, ist in der ganzen Alltagsplanung an die Vorgaben des Mondkalenders gebunden. Ganz unabhängig davon, dass in vielen wissenschaftlichen Untersuchungen bewiesen wurde, dass die Mondphasen keinen Einfluss auf unsere Tätigkeiten haben – viel schlimmer ist die innere Bindung an die Befehle des Kalenders. Wer sich am Mondkalender ausrichtet, ist nicht mehr frei, Gottes Wegweisung zu hören und ihm zu gehorchen.

Ganz ähnlich verhält es sich mit der Bindung an Heilsteine.

Menschen, die sich bestimmte Steine für bestimmte Energien kaufen, sind innerlich gebunden. Auf diese Weise werden Steine zu Göttern gemacht. Von ihnen wird Macht und Heil, Gesundheit und innere Ausgeglichenheit erwartet. Das ist Götzendienst.

Auch Talismane haben einen »Vergötterungseffekt«. Manche Menschen haben einen Talisman im Auto, der vor Unfällen schützen soll, ein Hufeisen über der Tür, das Glück bringen soll, oder sie tragen einen bestimmten Edelstein oder Halbedelstein für die innere Ausgeglichenheit. Manche Sportler tragen Amulette, ohne die sie in keinen Wettkampf gehen.

Es gibt auch die fromme Variante, gegen die sich schon Luther verwehrte: den »Reliquienkult«. Dahinter steht die Hoffnung: *Bestimmte Gegenstände, die ich an besonderen Orten gekauft habe oder habe segnen lassen, sollen mich vor bösen Einflüssen schützen und mir Heil und Glück bringen.*

Gegen all diese Verhaltensweisen verwehrt sich das Gebot: »Bete sie nicht an und diene ihnen nicht!«

- Gott ist der Mächtige, der mein Leben schützen kann.
- Gott ist der Wegweisende, der uns Orientierung geben kann, die sicherer und klarer ist als Mondkalender oder Horoskope.
- Christus allein hat die Kraft zu retten.

Ins Positive gewendet lautet die Aussage: Dein Glück kommt von Gott, der allein die Macht hat, dein Leben zu leiten und zu schützen. Weder Horoskope noch Wahrsager, weder Mondkalender noch Heilsteine machen dein Leben gut, sondern Gott, der Lebendige, allein.

Drittes Gebot

»Du sollst den Namen des Herrn, deines Gottes, nicht missbrauchen; denn der Herr wird den nicht ungestraft lassen,
der seinen Namen missbraucht.«

Gott hat einen Namen und will damit angerufen werden.

Der Name Gottes im Alten Bund lautet »Jahwe« (»Ich
werde für dich da sein«) und im Neuen Bund »Jesus Christus«.

Nun steht der Name einer Person immer für die Person
selbst. Wenn mein Name irgendwo genannt und verun-
glimpft wird, trifft dies mich selbst. Dies gilt auch hier: Gottes Name ist heilig, weil Gott heilig ist.

Missbrauch des Gebotes zeigt sich

- wenn Menschen einen Satz mit »Gott« oder ähnlichen
  Redewendungen beginnen, ohne dies wirklich so zu meinen.
- in religiösem Geschwätz.
- in Redewendungen und Floskeln, in denen Gottes Name
  nur eine bedeutungslose Beigabe ist.
- in heruntergeleierten Gebeten.

Wir sollen stattdessen in Ehrfurcht über Gott reden.

Es trägt zum persönlichen Glück bei, sich Gottesbezeich-
nungen in der Bibel zu vergegenwärtigen und diese immer
wieder als Anrede für Gott zu verwenden. Diese sind vielfäl-
tig. Gott wird als liebender Vater, Schöpfer, Allmächtiger,
Friedefürst, Ewiger, Herrscher, Barmherziger, Geduldiger,
Segnender und vieles mehr bezeichnet.

Viertes Gebot

»Gedenke des Sabbattages, dass du ihn heiligest. Sechs Tage sollst du arbeiten und alle deine Werke tun. Aber am siebenten Tage ist der Sabbat des Herrn, deines Gottes. Da sollst du keine Arbeit tun, auch nicht dein Sohn, deine Tochter, dein Knecht, deine Magd, dein Vieh, auch nicht dein Fremdling, der in deiner Stadt lebt. Denn in sechs Tagen hat der Herr Himmel und Erde gemacht und das Meer und alles, was darinnen ist, und ruhte am siebenten Tage. Darum segnete der Herr den Sabbattag und heiligte ihn.«

Gott vollendete sein Werk in der Ruhe. Was für ein Glück, dass sich Menschen nicht allein über ihre Arbeit und Leistung definieren müssen.

Wir brauchen Zeit für Gott, damit wir wieder ins Gleichgewicht kommen, damit wir Ausgleich und Korrektur vor Gott finden.

Einen Tag in der Woche dürfen wir bewusst anders gestalten als die übrigen Tage:

- frei vom Zwang zum Konsum
- frei von Forderungen zu Leistung und Arbeit
- frei von Routine und Alltagszwängen

Bestimmte Dinge müssen wir am Sonntag nicht tun: Gartenarbeit, Auto waschen, Wäsche waschen oder bügeln. Mit solchen Dingen brauchen wir uns am Sonntag nicht zu belasten. Dies ist einerseits eine Befreiung von Verpflichtungen und andererseits eine Herausforderung.

In 5. Mose 5 werden die Zehn Gebote fast wörtlich wiederholt. Interessanterweise hat aber dieses vierte Gebot eine andere Begründung: nicht mehr den Hinweis auf die Ruhe Gottes, sondern auf die Befreiung des Volkes aus der Sklaverei in Ägypten. Der Feiertag ist ein Tag der Freiheit und Freude.

Als Familie oder als Einzelne können wir das Besondere dieses Tages in den äußeren Formen zum Ausdruck bringen:

* besondere Kleidung
* ein anderer Tagesablauf
* Gottesdienstbesuch
* festliche Tischgemeinschaft
* mehr Zeit füreinander

Den Sonntag für Gott zu gestalten – als Chance der inneren Ausrichtung –, hat sehr viel mit dem Glück unseres Lebens zu tun. Es kann als große Entlastung erlebt werden, still werden zu dürfen – und frei: Mein Wert definiert sich nicht durch meine Leistung, sondern durch Gottes Ja über meinem Leben, durch sein Reden zu mir, durch das Sein vor ihm. Am Sonntag soll in der Gemeinschaft mit anderen Christen, im Gottesdienst, im Singen und Hören auch Anbetung und Lob erlebt werden. Dadurch kommt das Leben in eine innere Balance.

Fünftes Gebot

»Du sollst deinen Vater und deine Mutter ehren, auf dass du lange lebest in dem Lande, das dir der Herr, dein Gott, geben wird.«

Die ersten fünf Gebote stehen zusammen auf der ersten Tafel und beziehen sich auf das Verhältnis zwischen Gott und Mensch.

»*Warum gehört dieses Gebot auch auf diese erste Tafel?*«, fragen sich viele. Was hat das Eltern-Kind-Verhältnis mit der Gottesbeziehung zu tun?

Zum einen prägen Eltern das Gottesbild.

Unser Gottesbild orientiert sich an den ersten Erfahrungen mit den Eltern. Kinder »vergöttern« ihre Eltern am Anfang. Diese machen in den Augen der Kinder – bis fast zur Pubertät – keine Fehler.

Diese Vergötterung der Eltern macht es manchmal – nach schweren Missbrauchserfahrungen in der Kindheit – auch schwer, seine Gefühle zu sortieren. Denn auch als Erwachsene denken wir oft so: *Wenn ich mich schlecht fühle, dann muss das an mir selbst liegen.* Missbrauchte Kinder versuchen sich dann oft eine Erklärung für das schlechte Lebensgefühl zu geben oder das Verhalten der Eltern ihnen gegenüber zu rechtfertigen, indem sie straffällig oder verhaltensauffällig werden. Dann werden sie schließlich auch »zu Recht« bestraft.

Ins Positive gewendet bedeutet dieses Gebot: Eltern sollen durch ihren Umgang mit den Kindern Gottes Art deutlich machen: Gott ist wie Vater und Mutter, der Bergende, Schützende, Wegweisende und nicht der Despotische, Willkürliche, Verletzende und Angstmachende.

- Eltern sind die ersten Repräsentanten Gottes im Leben der Kinder.
- Wir dürfen darum auch darauf hinwirken, dass Kinder mit uns Eltern würdevoll umgehen.
- Die Achtung, die wir den eigenen Eltern – also der Groß-cltcrngeneration – entgegenbringen (auch wie wir vor und mit den Kindern über sie sprechen), ist das Vorbild und das Modell dafür, wie die Kinder später mit uns umgehen werden.
- Darum hat dieses Gebot eine Verheißung: *Wenn du ehrend mit deinen Eltern umgehst, wirst du »lange leben«, wirst du eine gesicherte Zukunft, einen geschützten Raum haben.* Die Eltern-ehrung ist eine Überlebensfrage für unsere Gesellschaft.
- Elternehrung ist etwas anderes als Gehorsam. Als Erwach-sene sind wir unseren Eltern nicht mehr zu Gehorsam verpflichtet. Jesus verdeutlicht das in seinem Umgang mit seiner Mutter: Wir sollen Gott mehr gehorchen als den Menschen und darum auch mehr als den Eltern. Viel Leid ist durch ein falsches Verständnis dieses Gebotes schon in Ehen und Familien gekommen. Ehren ja, gehorchen nein. Wir brauchen eine klare Abgrenzung gegenüber Erwartun-gen und Forderungen der Eltern.
- Zur Elternehrung gehört die Aussöhnung mit der eigenen Vergangenheit. Wenn in der Vergangenheit Verletzungen oder Demütigungen durch Eltern geschehen sind, ist es wichtig, solche Erlebnisse anzuschauen und in der Gegen-wart der Liebe Gottes heil werden zu lassen. Das kann ein längerer Weg sein, aber Aussöhnung ist immer ein Weg zum Glück!
- So kann die Gestaltung des eigenen Lebens als Erwachse-ne – und wo dies geschenkt ist, auch als Ehe und Fami-lie – gut gelingen. Das trägt zum Glück des Lebens bei.

Sechstes Gebot

»Du sollst nicht töten.«

Mit diesem Gebot sind wir auf der zweiten Tafel der Zehn Gebote angelangt. Hier geht es nun um das Verhältnis Mensch und Mensch.

An oberster Stelle steht auf dieser Tafel der Schutz des Lebens. Dies ist eine wesentliche Voraussetzung für alles menschliche Miteinander in der Gesellschaft und in der Familie. Und ein Beitrag zum Glück.

Dieses Gebot bedeutet: Wir sollen unseren Mitmenschen Raum zum Leben geben. Leben soll geschützt werden – auch das Leben ungeborener Kinder, Behinderter oder Leidender.

Jesus sagt in Matthäus 5,21, dass Mord im Herzen, in den Gedanken und Worten beginnt. Und Johannes schreibt in einem seiner Briefe: »*Wer seinen Bruder hasst, der ist ein Totschläger*« (1. Johannes 3,15).

Beleidigende und verletzende Worte können wie Messerstiche sein, können die Würde des anderen töten, entziehen ihm die Lebensbasis.

Darum ist dieses Gebot auch ein Gebot gegen Rassismus, Hass und Rachgier.

Wo können wir in der Spur dieses Gebotes zum Frieden in der Welt beitragen? Im Großen und in unserer nahen Welt, im Kindergarten und in der Schule, in der Nachbarschaft, im Verein oder in der Gemeinde?

Es gehört zu unserem Glück, dass wir leben dürfen. Unser Staat erklärt in der Spur dieses Gebotes die Würde des Menschen für unantastbar.

Siebtes Gebot

»Du sollst nicht ehebrechen.«

Gleich nach dem Schutz des Lebens kommt bei Gott der Schutz der Ehe.

Ehe ist eine großartige Erfindung Gottes. In 1. Mose 1,27-28 schafft Gott Mann und Frau füreinander und segnet sie. Diese Beziehung soll nicht gebrochen werden. In der Schöpfungsgeschichte ist für die Ehe auch eine klare Beziehungsordnung gegeben (1. Mose 2,24). Diese lautet: verlassen, anhangen, eins werden.[79]

Die Beziehung zum Ehepartner soll Vorrang vor allen anderen Beziehungen bekommen. Sie ist wichtiger als die Beziehung zu Kindern, Eltern oder Freunden. Sobald diese Ordnung missachtet wird, kommt es zu falschen Abhängigkeiten oder Verletzungen. Dann können Eltern oder Kinder sich einmischen, deuten und werten. Das schafft häufig große Probleme.

Ehe ist ein neues »Wir«, eine von Gott gegebene Einheit, ein von Gott geschenkter Raum des Miteinanders. Da Mann und Frau miteinander Abbild Gottes sind, soll durch ihr gemeinsames Leben und Gestalten etwas von Gottes Art sichtbar werden.

Seine Versöhnung und sein Frieden, seine einigende Kraft, die Gegensätze zu etwas Ganzem macht, wollen die Ehe gestalten und sich in ihr entfalten. Das bedeutet zwar keine symbiotische Verschmelzung, aber Ergänzung, Gemeinschaft, gemeinsame Ziele und Auftrag: miteinander in dieser Welt unterwegs sein, um Gott zu ehren, den Menschen zu dienen und Gottes Reich zu bauen.

Daraus erwächst Freude aneinander, das Wachsen aneinander, Wille zur Treue, Beschenktwerden durch Liebe – ja Glück.

In diesen Raum der Ehe hinein gehört auch die Gestaltung der Sexualität. Sie ist ein besonderes Geschenk Gottes für die Ehe. Im Geschlechtsakt »erkennen« Mann und Frau einander. »Ich« und »Du« werden zum »Wir«. Im Einswerden der sexuellen Begegnung geschieht immer wieder ein Sichhingeben und Fallenlassen und darin aufs Neue Beschenktwerden. Paulus sagt, dass die Ehe ein Hinweis auf die Beziehung zwischen Gott und Mensch ist (Epheser 5,32). Das führt immer wieder zum Staunen, zur Freude über dieses kostbare Geschenk.

Wenn Sexualität von dieser Erfahrung des gegenseitigen Beschenkens abgespalten und zu einem nur sich selbst befriedigenden Sport degradiert wird, verkommt sie zu einem kurzzeitigen Lusterlebnis, das in der Tiefe der Seele ein schales Gefühl zurücklässt. Die wirkliche Hingabe fehlt. Dies ist vor allem in häufig wechselnden Partnerschaften der Fall. Das Aufeinander-bezogen-Sein, das Einander-Ergänzen und sich Gegenseitig-ganzheitlich-Beschenken fehlen.

Das Gebot ermutigt auch dazu, sich gegen falsche Äußerungen über Ehe und Sexualität, die in Zeitschriften oder Fernsehsendungen propagiert werden, zu wehren. Dort heißt es ja häufig: *Sexualität ist nur Spiel, dient nur der Triebbefriedigung; die Ehe wird nach der Hochzeit jeden Tag langweiliger.* Oder: *Wenn die Liebe erkaltet ist, bleibt nur die Trennung. Also suche deinen Spaß woanders.*

Doch die Bibel gibt darauf andere Antworten: Wo die Liebe erkaltet ist und die Gefühle verschwunden sind, können wir Gott um neue Liebe füreinander und zueinander bitten.

Ehe entwickelt sich weiter und kann immer spannender werden. Sie dient dem gegenseitigen Wachsen und Reifen. In jeder unter Christus gelebten Ehe sollen seine versöhnende Art, seine Vielfältigkeit und seine Einheit schaffende Kraft sichtbar werden. Jede Ehe kann so ein Hinweis auf Christus sein.

Zu diesem Gebot gehört auch, dass Ehepartner

- eine positive Streitkultur entwickeln, in der faires Miteinander-Reden möglich ist. Ehe soll kein Raum der Unterdrückung sein. Ehepartner haben nicht das Recht, einander zu dominieren oder zu beherrschen.
- sich in der Ehe Raum geben, in dem Versöhnung gelebt wird. Damit wird ein Hinweis gegeben auf Christus, den Versöhner.

Dieses Gebot will zur Treue helfen – auch in schweren, konfliktträchtigen oder vielleicht gefühllosen oder gefühlsarmen Zeiten. Damit trägt es zum Glück unseres Lebens bei.

Achtes Gebot

»Du sollst nicht stehlen.«

Dieses Gebot schützt das Eigentum. Besitz gehört zum Menschsein dazu. Unser Eigentum ist immer auch Ausdruck unserer Persönlichkeit.

Schon ganz kleine Kinder bgreifen sehr bald den Unterschied zwischen »mein« und »dein«. Das, was zu mir gehört, bildet meine Identität mit aus. Das kann man schon daran erkennen, mit welchen Dingen sich Menschen umgeben, was sie anziehen, welches Auto sie fahren, welche Möbel ihren Stil ausdrücken. Darum soll auch der Besitz des anderen geachtet werden. Eigentumsschutz ist auch Identitätsschutz.

In biblischer Zeit war das Eigentum auch ein Stück Lebensversicherung. Nahm man Menschen wichtige Gegenstände wie zum Beispiel das Zelt oder Krüge weg, war das Leben existenziell bedroht.

Ein Einübungsfeld dieses Gebotes ist die Familie.

- Dort soll eine Atmosphäre der Ehrlichkeit und Gerechtigkeit herrschen.
- Der Besitz des anderen muss geachtet werden. Weder Eltern noch Geschwister haben das Recht, sich Eigentum eines Kindes anzueignen, darin herumzuschnüffeln oder etwas wegzunehmen. Ausnahmen gelten nur bei gefährlichen oder gefährdenden Gegenständen.
- Eltern sollten darauf achten, dass jedes Kind einen privaten Bereich hat (ein Fach im Schrank oder eine Ecke im Zimmer), auf den niemand zugreifen darf.

- Wo Besitzverhältnisse klar sind, muss immer um Erlaubnis gefragt werden, wenn ein Gegenstand benutzt oder ausgeliehen wird.
- Auch die Einübung ins Teilen gehört zu diesem Gebot dazu. Es schafft Lebensglück, wenn ich mein Eigentum mit anderen teilen und anderen dadurch eine Freude bereiten kann.
- Wer lernt, aus freien Stücken zu geben, ist glücklicher als einer, der alles an sich rafft.

Denn: Der Mensch ist nicht die Summe seiner Güter. »*Denn niemand lebt davon, dass er viele Güter hat*« (Lukas 12,15). Besitz kann versklaven. Davor will dieses Gebot schützen. Auch im Berufsumfeld, im persönlichen Umgang mit Geld.

Dieses Gebot stellt uns auch für unser persönliches Umfeld Fragen zum Umgang mit eigenem oder fremdem Besitz.

Wie gehen wir mit der Steuererklärung um?

Wie reagieren wir, wenn uns beim Einkaufen zu viel Wechselgeld gegeben wird oder sich jemand zu seinen Ungunsten verrechnet?

Eigentum verpflichtet. Wer viel hat, soll anderen auch helfen, sie teilhaben zu lassen. Im weltweiten Horizont ist dieses Gebot darum auch eine Hinterfragung unseres Lebensstandards. Stehlen wir in unserem reichen Wohlstandsland nicht auch die Lebensgrundlagen von Menschen in unterentwickelten Ländern? Genau hier gewinnt die Aussage von Jesus nochmals deutliches Gewicht: Geben ist seliger als Nehmen.

Auf unrechtmäßig angeeignetem Gut liegt kein Segen.

Wer etwas stiehlt, hat keine Freude daran.

Umgekehrt: Wenn wir bestohlen werden, kann es eine große Hilfe sein, die Diebe zu segnen und für sie zu beten (siehe S. 128 f.).

Zum Glück des Lebens trägt es bei, wenn wir uns gegenseitig unser Eigentum gönnen und uns miteinander daran freuen können.

Neuntes Gebot

»Du sollst nicht falsch Zeugnis reden wider deinen Nächsten.«

Dieses Gebot schützt meinen Ruf und den Ruf des Nächsten. Was für ein Glück, wenn ich mir sicher sein kann, dass die Nächsten nichts Falsches über mich erzählen oder in der Öffentlichkeit weitergeben.

Ein falsches Zeugnis zeigt sich in Hinterhältigkeit, Klatsch, Tratsch oder Lästern über andere. Wer Unwahrhaftigkeiten über andere verbreitet, drückt damit oft eigene Unsicherheit aus. Wer sich seines eigenen Wertes nicht bewusst ist, versucht, sich selbst aufzuwerten, indem andere Menschen schlechtgemacht werden.

Der gute Ruf des anderen soll jedoch geschützt werden. Wir haben kein Recht, Unwahrhaftigkeiten über andere zu verbreiten, weder über Nachbarn noch über Vorgesetzte, Politiker, Freunde, Feinde, Eltern, Geschwister, andere Verwandte oder Lehrer.

Wir können einander helfen, indem wir uns vornehmen, Halbwahrheiten in Tratsch und Klatsch zu unterbinden. Gerade schwierigen Menschen gegenüber kann es hilfreich sein zu fragen: *Warum ist, redet er/sie so? Woran leidet dieser Mensch? Wurde er von anderen verletzt?* Das hilft, nicht würdelos über diese zu reden, keine Beleidigungen und Schimpfwörter ihnen gegenüber zu praktizieren.

Es kann eine große Hilfe sein, für schwierige Menschen, über die wir gerne negativ reden oder lästern, zu beten und diese zu segnen. Dies ist immer der bessere und für alle Seiten hilfreichere Weg.

Zehntes Gebot

»Du sollst nicht begehren deines Nächsten Haus. Du sollst nicht begehren deines Nächsten Frau, Knecht, Magd, Rind, Esel noch alles, was dein Nächster hat.«

Dieses Gebot hilft uns, nicht in die Fallen des Vergleichens[80] hineinzugeraten.

Denn aus falschem Vergleichen und daraus folgendem Begehren entstehen Neid, Missgunst, Unzufriedenheit und Undankbarkeit.

Gott möchte, dass wir dankbare und zufriedene Menschen werden, die ihm gerne dienen und seine Schätze in ihrem Leben entdecken. Christus hat für uns die Fülle bereit: »*damit wir hingelangen ... zum vollen Maß der Fülle Christi*« (Epheser 4,13).

Wer sich von Christus erfüllen lässt, der wird frei von falschem Begehren. Er wird die Erfahrung machen, »satt zu werden in Gott«. Im Gleichnis der Arbeiter im Weinberg (Matthäus 20,1-16) wird betont, dass wir bei Gott »genug« haben. Wer seinen Blick auf die Schätze im eigenen Leben lenkt, hat etwas Wesentliches vom Glück des Lebens begriffen.

Schritte auf dem Weg dazu sind:

* Die Freude am Verzichten und der Begrenzung lernen. *Ich werde stark, wenn ich nicht alles, was mir gefällt, haben muss, sondern wenn ich auf etwas warten kann – oder wenn ich zu der Erkenntnis komme, dass ich etwas zwar schön finde, aber nicht wirklich brauche.* Menschen, die sich begrenzen können, haben wahre Stärke.

- Dankbar und zufrieden werden für das, was man selbst hat. Einen Blick entwickeln für die Dinge, die im eigenen Leben schön und gut sind.
- Andern etwas gönnen können: »Ich freue mich mit dir.«
- Dankbarkeit einüben, zum Beispiel ein Dankbarkeitstagebuch führen.
- Kinder zum Fleiß ermutigen unter dem Motto: Wenn du etwas willst, was ein anderer hat, dann versuche, es durch eigene Anstrengung zu bekommen. Verdiene dir zum Beispiel selbst Geld, um das kaufen oder erwerben zu können.

Solche Kompetenzen machen wirklich glücklich.

Schuld und Übertreten der Gebote

Beim Nachdenken über die Zehn Gebote wird immer wieder bewusst, dass wir an diesen Geboten auch scheitern können, dass wir schuldig werden. Die Gebote sind kein Leistungskatalog, aber sie können ein Spiegel zur Gewissensprüfung sein und als Leitlinie verstanden werden.

Eines ist dabei wichtig: Gottes Barmherzigkeit ist immer größer als unsere Schuld und unser Versagen. Gott bietet uns seine Vergebung und immer einen Neuanfang an. Keine Schuld ist so groß, dass Er sie nicht vergeben kann und will. Auch dafür ist Christus am Kreuz gestorben.

Niemand soll darum an den Geboten verzweifeln, sondern sie sollen als Hilfestellung für die Gestaltung des eigenen Alltags und des Miteinanders verstanden werden – somit sind sie Wegmarkierungen zum Glück im Leben.

LITERATURVERZEICHNIS

- Mihaly Csikszentmihalyi. Lebe gut – Wie Sie das Beste aus Ihrem Leben machen. dtv. München 2001.
- Mihaly Csikszentmihalyi. Flow, das Geheimnis des Glücks. Klett-Cotta. Stuttgart 2004.
- Mihaly Csikszentmihalyi. Flow im Beruf. Das Geheimnis des Glücks am Arbeitsplatz. Klett-Cotta. Stuttgart 2004.
- Max Frisch. Mein Name sei Gantenbein. Suhrkamp. Frankfurt am Main 1964.
- John de Graaf, David Wann, Thomas Naylor. Affluenza, Zeitkrankheit Konsum. Riemann. München 2002.
- Anselm Grün. Einreden. Münsterschwarzach 1983.
- Jonathan Haidt. Die Glückshypothese. VAK Verlag. Kirchzarten bei Freiburg 2007.
- Eckart von Hirschhausen. Glück kommt selten allein. Rowohlt. Reinbek bei Hamburg 2009.
- Jahoda, Marie, Lazarsfeld, P. und Zeisel, H. Die Arbeitslosen von Marienthal. Ein soziografischer Versuch über die Wirkung langdauernder Arbeitslosigkeit. Frankfurt a. M. 1975.
- Cornelia Mack. Von Brüchen, Zerbrüchen und Aufbrüchen. SCM Hänssler. Holzgerlingen 2008.
- Cornelia Mack. Endlich mehr Zeit. SCM Hänssler. Holzgerlingen 2009.
- Cornelia Mack. Meinen Platz im Leben finden. SCM Hänssler. Holzgerlingen 2011.

- Cornelia Mack. Die Falle des Vergleichens. SCM Hänssler. Holzgerlingen 2012.
- Steffen Kern, Sabine Ball. Mehr als Millionen. Brunnen-Verlag. Gießen 2002.
- Stefan Klein. Die Glücksformel. Rowohlt. Reinbek bei Hamburg 2002.
- Lieder. Mosaik. Jesusbruderschaft Gnadenthal. Präsenz Verlag der Jesusbruderschaft 1983.
- Manfred Lütz. Lebenslust – wider die Diät-Sadisten, den Gesundheitswahn und den Fitness-Kult. Knaur. München 2002.
- Michael Lukas Möller. Gelegenheit macht Liebe – Glücksbedingungen in der Partnerschaft. Rowohlt. Hamburg 2000.
- Michael Lukas Möller. Wie die Liebe anfängt, die ersten drei Minuten. Rowohlt. Hamburg 2002.
- Martin E. P. Seligman. Der Glücks-Faktor. Warum Optimisten länger leben. Verlagsgruppe Lübbe. Bergisch Gladbach 2003.
- Paul Tournier. Geborgenheit – Sehnsucht des Menschen. Herder. Freiburg 1971.
- Paul Watzlawick. Anleitung zum Unglücklichsein. Piper Verlag. München, Zürich 1983.

ANMERKUNGEN

1 Zitate-online.de, http://www.zitate-online.de/
   literaturzitate/allgemein/18631/ein-mensch-schaut-in-der-zeit-
   zurueckund.html, 12.07.2013.
2 Nordkirche.de, http://www.nordkirche.de/nordkirche/
   leitung/bischoefinnen-und-bischoefe-im-sprengel/
   bischoefin-kirsten-fehrs/predigten/detail.html?tx_news_pi1[news]
   =176&cHash=eaa47243249247902987baddfc53033b, 12.07.2013.
3 Martin E.P. Seligman. Der Glücks-Faktor, Warum Optimisten
   länger leben. S. 82/93 f. – siehe dazu auch Glücksarchiv,
   http://www.gluecksarchiv.de/inhalt/glueck.htm, 12.07.2013.
4 Mihaly Csikszentmihalyi. Lebe gut. Wie Sie das Beste aus Ihrem
   Leben machen. S. 202.
5 Brickman, Coates und Janoff/Bulman 1978. Befragt wurden 11
   Paraplegiker, 18 Quadraplegiker und 22 Lotteriegewinner.
   Zitiert aus: Klein. Die Glücksformel, S. 294.
6 Stefan Klein. Die Glücksformel, S. 222.
7 Lothar Zenetti. Wie Segel über dem Meer, S. 139.
8 David Nettle. Zitiert in: Psychologie heute, Mai 2007, S. 23.
9 Alexander Solschenizyn: Archipel Gulag zitiert in Spiegel online
   28.12.92: Ein Hauch, ein Fluss, ein Schweben – SPIEGEL-Redak-
   teurin Ariane Barth über die Erforschung des Glücks. Von Barth,
   Ariane, Spiegel 53/1992 – URL: http://www.spiegel.de/spiegel/
   print/d-13683092.html, 27.06.2013.
10 Mihaly Csikszentmihalyi. Flow, das Geheimnis des Glücks, S. 15.
11 Siehe dazu auch: Cornelia Mack. Endlich mehr Zeit, S. 35 ff.
12 Max Frisch. Mein Name sei Gantenbein, S. 47.
13 Ebd.
14 Paul Watzlawick. Anleitung zum Unglücklichsein, S. 43.
15 Anselm Grün. Einreden.
16 http://www.wetterdienst.de/Deutschlandwetter/Thema_des_
   Tages/711/gutes-wetter-schlechtes-wetterLebensart, http://
   home.arcor.de/heike.stetter/Fremdimpulse/Lebensart.html,
   12.07.2013.
17 Richard Wisemann, in: Psychologie heute, April 2012, S. 28.
18 Stefan Klein. Die Glücksformel, S. 205.
19 Zitiert in: Psychologie heute, November 2007, S. 18.

[20] Aus: Margret Wanner. Treffend gesagt. Brunnen. Gießen 1989, S. 80.

[21] Zum Beispiel: Kolosser 3,16-17: »Lasst das Wort Christi reichlich unter euch wohnen: Lehrt und ermahnt einander in aller Weisheit; mit Psalmen, Lobgesängen und geistlichen Liedern singt Gott dankbar in euren Herzen. Und alles, was ihr tut mit Worten oder mit Werken, das tut alles im Namen des Herrn Jesus und dankt Gott, dem Vater, durch ihn.« Oder Kolosser 2,6-7: »Wie ihr nun den Herrn Christus Jesus angenommen habt, so lebt auch in ihm und seid in ihm verwurzelt und gegründet und fest im Glauben, wie ihr gelehrt worden seid, und seid reichlich dankbar.« – 1. Thessalonicher 5,16-18: »Seid allezeit fröhlich, betet ohne Unterlass, seid dankbar in allen Dingen; denn das ist der Wille Gottes in Christus Jesus an euch.« – Epheser 5,19-20: »Ermuntert einander mit Psalmen und Lobgesängen und geistlichen Liedern, singt und spielt dem Herrn in eurem Herzen und sagt Dank Gott, dem Vater, allezeit für alles, im Namen unseres Herrn Jesus Christus.« – Kolosser 1,12: »Mit Freuden sagt Dank dem Vater, der euch tüchtig gemacht hat zu dem Erbteil der Heiligen im Licht.«

[22] Heiko Ernst, in: Psychologie heute, Januar 2006, S. 23.

[23] Siehe dazu auch: Cornelia Mack. Meinen Platz im Leben finden.

[24] Jesus wird hier von Paulus zitiert. Wörtlich heißt es da: »Ich habe euch in allem gezeigt, dass man so arbeiten und sich der Schwachen annehmen muss im Gedenken an das Wort des Herrn Jesus, der selbst gesagt hat: Geben ist seliger als nehmen.«

[25] Der von Michail Gorbatschow ab Anfang 1986 eingeleitete Prozess zum Umbau und zur Modernisierung des gesellschaftlichen und wirtschaftlichen Systems der Sowjetunion in Richtung mehr Freiheit und Demokratie.

[26] Mihaly Csikszentmihalyi. Flow – Das Geheimnis des Glücks, S. 219.

[27] John de Graaf, David Wann, Thomas Naylor. Affluenza. Zeitkrankheit Konsum, S. 125.

[28] Michael Lukas Möller. Gelegenheit macht Liebe, S. 25.

[29] Mihaly Csikszentmihalyi. Flow – Das Geheimnis des Glücks, S. 219.

[30] Stefan Klein. Die Glücksformel, S. 172.

[31] Stefan Klein. Die Glücksformel, S. 196.

[32] Quotez, http://www.quotez.net/german/martin_buber.htm, 12.07.2013.

[33] Matthäus 5,44, Lukas 6,27.

[34] Michael Lukas Möller. Wie die Liebe anfängt, die ersten drei Minuten, S. 153.

[35] Mihaly Csikszentmihalyi. Lebe gut – Wie Sie das Beste aus Ihrem Leben machen, S. 48.

[36] Ebd., S. 92.

[37] Stefan Klein. Die Glücksformel, S. 188.

[38] Zitiert aus: Martin E.P. Seligman. Der Glücks-Faktor, S. 192.

[39] Mehr dazu auch in: Cornelia Mack. Meinen Platz im Leben finden.

[40] Stefan Klein. Die Glücksformel, S. 272.

[41] Jahoda, Marie, Lazarsfeld, P. und Zeisel, H. Die Arbeitslosen von Marienthal.

[42] Mihaly Csikszentmihalyi. Lebe gut – Wie Sie das Beste aus Ihrem Leben machen, S. 134.

[43] Siehe dazu auch ausführlicher in: Cornelia Mack. Die Falle des Vergleichens.

[44] Lieder. Mosaik. Jesusbruderschaft Gnadenthal. Sammelband 1–4, S. 27.

[45] Homepage, http://www.ruedischuepbach.ch/Downloads.htm, 12.07.2013.

[46] Psalm 19; 24; 33; 89; 104; 148.

[47] Stefan Klein. Die Glücksformel, S. 146.

[48] Olds und Milner 1954, zitiert in: Stefan Klein. Die Glücksformel, S. 137.

[49] Stefan Klein. Die Glücksformel, S. 144.

[50] Ähnliches nachzulesen unter: SWR3 Report. Doping im Alltag. 27.03.2013. – URL: http://www.swr3.de/info/magazin/schwerpunkt-doping/Meine-Helferlein-waren-immer-da/-/id=2002680/did=2035530/azxon6/index.html, 12.07.2013.

[51] Siehe dazu auch: Wilhelm Faix, Cornelia Mack. Morgens-mittags-abends. Kinder lieben Rituale. SCM Hänssler. Holzgerlingen 2005.

[52] Jeremy Seabroth, Psychologe, in: John de Graaf, David Wann, Thomas Naylor. Affluenza, Zeitkrankheit Konsum, S. 190.

[53] Mihaly Csikszentmihalyi. Flow im Beruf, S. 35.

[54] Siehe dazu auch: Cornelia Mack. Die Falle des Vergleichens.

[55] Schwarzwälder Bote, 28. Dezember 2004.

[56] Steffen Kern. Sabine Ball – Mehr als Millionen.

[57] Ebd., S. 164–170.

[58] Stefan Klein. Die Glücksformel, S. 233.

[59] John de Graaf, David Wann, Thomas Naylor. Affluenza. Zeitkrankheit Konsum, S. 82.

[60] Stefan Klein. Die Glücksformel, S. 234.

[61] Martin E.P. Seligman. Der Glücks-Faktor, S. 199.

[62] British Medical Journal 1990, zitiert von: Ulrich Giesekus in: BTS aktuell 6/92.

[63] Marion Sonnenmoser. Todkrank – guter Dinge. In: Psychologie heute, Dezember 2003, S. 54.

[64] Annette Schäfer in: Psychologie heute, Februar 2004.

[65] idea-Dokumentation 27/1982, S. 4–5.

[66] Zitiert in: Psychologie heute, März 2005, S. 21 f. (von Theresia Maria de Jong).

[67] Langzeitstudie von George Vaillant, zitiert in: Christian Heinrich. Langzeitstudie: Wie ein glückliches Leben gelingt. 28.08.2012 – URL: www.spiegel.de/gesundheit/psychologie/grant-studie-wie-ein-zufriedenes-leben-gelingt-a-851729.html, 12.07.2013.

[68] Jonathan Haidt. Die Glückshypothese, S. 190.

[69] Jonathan Haidt, zitiert in: Eckart von Hirschhausen. Glück kommt selten allein, S. 74.

[70] Paul Tournier, geb. 1898 in Genf; gestorben 1986.

[71] Paul Tournier. Geborgenheit – Sehnsucht des Menschen, S. 167.

[72] Paul Tournier. Geborgenheit – Sehnsucht des Menschen, S. 168.

[73] Siehe dazu auch: Cornelia Mack. Von Zerbrüchen, Umbrüchen und Aufbrüchen.

[74] Wilhelm Schmid, zitiert in: Publik-Forum 18/2000.

[75] Zitiert in: Manfred Lütz. Lebenslust – wider die Diät-Sadisten, den Gesundheitswahn und den Fitness-Kult, S. 147.

[76] Ebd., S. 147.

[77] Ebd., S. 148.

[78] Mozart in einem Brief vom 4. April 1787. Zitiert von Bernhard Sill in: Psychologie heute, November 2002, S. 51.

[79] Siehe dazu auch: Cornelia Mack. Kleiner Unterschied – Große Wirkung. Holzgerlingen. SCM Hänssler 2012.

[80] Siehe dazu auch: Cornelia Mack. Die Falle des Vergleichens.

RECHTENACHWEISE DER ZITATE

- S. 18: HM-Denkhilfen, http://www.dr-mueck.de/ HM_Denkhilfen/Glueck-Saetze-Sprueche-Zitate.htm, 12.07.2013.
- S. 19: Aus: Margret Wanner. Treffend gesagt. Brunnen. Gießen 1989, S. 194.
- S. 22: Lebensweisheiten, http://www.glueckleben.de/ lebensweisheiten.html, 12.07.2013.
- S. 28: Philolex, http://www.philolex.de/augustin.htm, 12.07.2013.
- S. 36: Zitate, http://zitate.net/glücklich.html, 12.07.2013.
- S. 95: Mein Spruch- und Liederbuch, Kirchenbuch der Evang Landeskirche. Quell Verlag. Stuttgart 1986, S. 102.
- S. 97: Predigt online, http://www.predigt-online.de/ prewo/frame_lernen_aus_geschichte.htm, 12.07.2013.
- S. 146: Aus: Margret Wanner. Treffend gesagt. Brunnen. Gießen 1989, S. 292.

Cornelia Mack

Von Zerbrüchen, Umbrüchen und Aufbrüchen

Gebunden, 10,5 x 16,5 cm, 144 Seiten
Nr. 394.540,
ISBN 978-3-7751-4540-4

Abbruch, Zerbruch und Umbruch können zum Aufbruch werden. Immer wieder stehen wir vor Situationen, in denen Neubeginn oder Abschied gefragt ist. Manchmal willkommen, oft bedrohlich. Cornelia Mack gibt dazu aus eigener Erfahrung Lebensberatung mit Tiefgang.

Cornelia Mack

Kleiner Unterschied, große Wirkung
So verstehen sich Mann und Frau

Taschenbuch, 12 x 19 cm, 144 Seiten
Nr. 395.210,
ISBN 978-3-7751-5210-5

Hören Sie gut zu oder parken Sie besser ein? Kurz: Wie unterschiedlich sind Männer und Frauen tatsächlich? Cornelia Mack greift die neuesten wissenschaftlichen Erkenntnisse auf und spiegelt sie an den Aussagen der Bibel. Sie ist überzeugt: Unterschiede sind eine Chance.

Bitte fragen Sie in Ihrer Buchhandlung nach diesen Büchern!
Oder schreiben Sie an: SCM Hänssler, D-71087 Holzgerlingen;
E-Mail: info@scm-haenssler.de; Internet: www.scm-haenssler.de

Cornelia Mack

Die Falle des Vergleichens

Gebunden, 13,5 x 20,5 cm, 144 Seiten
Nr. 395.356,
ISBN 978-3-7751-5356-0

Frauen sind Profis im Vergleichen. Dabei sind die Folgen destruktiv: Neid, Minderwertigkeitsgefühle, Undankbarkeit. Cornelia Mack zeigt, wie man dieses negative Muster überwinden und was Frau tun kann, um gar nicht erst in die Falle des Vergleichens zu tappen.

Cornelia Mack

Geschwister
Wie sie das Leben prägen

Gebunden, 13,5 x 20,5 cm, 224 Seiten
Nr. 395.439,
ISBN 978-3-7751-5439-0

Geschwisterbeziehungen sind die längsten unseres Lebens. Sie prägen unser Selbstbild und beeinflussen, wie wir auf Menschen reagieren, Konflikte lösen oder Kompromisse schließen. Entdecken Sie Verhaltensmuster und erfahren Sie, wie Sie konstruktiv damit umgehen können.

Bitte fragen Sie in Ihrer Buchhandlung nach diesen Büchern!
Oder schreiben Sie an: SCM Hänssler, D-71087 Holzgerlingen;
E-Mail: info@scm-haenssler.de; Internet: www.scm-haenssler.de